AF355009

MARCO MARI

ALLEGRE NOVELLE

PICCOLA ANTOLOGIA DI NOVELLE ITALIANE
DAL DUECENTO AL CINQUECENTO

———

ILLUSTRAZIONI DI LUCA GHETTI

INTRODUZIONE

Introduzione

1. Il piacere del racconto

Raccontare è un'arte. Raccontare significa innanzitutto saper catturare l'attenzione di chi ascolta (o legge) e saperla mantenere fino alla fine. Raccontare significa anche svolgere un filo, quello dell'azione, dando un senso logico a tutti gli elementi utili a descriverla, come il contesto, i personaggi, gli ambienti e così via.

Per questo raccontare non è da tutti, anche se tutti possiamo in realtà raccontare qualcosa.

È un gioco sapiente, sapiente, ma soprattutto un gioco.

La dimensione del gioco è intrinsecamente legata a quella del sorriso, cui questa collana si ispira, per questo nella raccolta si sono volute prediligere quelle novelle che maggiormente rispondono al criterio del gioco e che, come tali, si snodano in sé stesse con leggerezza e spensieratezza.

Non vi è stato alcun criterio nella scelta di queste novelle se non quello di ricercare, fior da fiore, il meglio di una ricca e vasta tradizione. Forse qualcuno lamenterà certe assenze, altri chiederanno giustificazione per certe presenze, ma si sa come il gusto sia sempre un fatto soggettivo e ogni scelta sempre opinabile e poiché chi scrive ben sa che la perfezione non è di questo mondo, non se ne avrà certo a male per ogni critica o suggerimento che ne vorrà venire per il futuro.

Se l'intento è dunque quello di divertire, non si creda però che vi sia solo leggerezza, perché anche attraverso un'umile novella vi può essere lo spunto per una riflessione, un motivo per comprendere un po' meglio le ragioni di questa nostra bislacca umanità.

Oggi si è un po' persa l'arte del racconto. Siamo talmente abituati alla fruizione immediata, da telecomando, che il racconto ci sembra ormai in sé poca cosa. Ma leggere cose nuove, anzi novelle, ancorché portino più di qualche secolo sulle spalle, potrà far scoprire il piacere di una lettura leggera, magari serale, dopo una lunga e faticosa giornata di lavoro, che non contrasta con i ritmi del nostro vivere ma che anzi, nella sua brevità, può consentire con quotidiana puntualità l'assunzione di una pillola di benessere interiore, un piccolo momento di relax fuori dagli schemi comuni.

Classico nel linguaggio contemporaneo sa di vecchio, di passato, di qualcosa pieno di polvere che, più per erudizione che per reale interesse, viene di volta in volta riportato alla memoria dei presenti. Ebbene, non è questa l'idea di classico che piace a chi scrive questa nota. Cos'è un classico? Classico è qualcosa che è sempre attuale, qualcosa che, nonostante il proprio tempo, è ancora capace di parlare all'uomo d'oggi. In tal senso le novelle qui riproposte sono tutte dei classici.

Forse vi sarà un po' di difficoltà nel comprendere un italiano abbastanza diverso da quello contemporaneo ma, lo assicuro, leggendo via via si scoprirà come in realtà le distanze siano più preconcette che effettive e come tutto sommato, a parte a volte alcuni termini, il contesto sia comprensibilissimo.

Non solo, si avrà il piacere di gustare una prosa diversa, talvolta più colorita, talvolta tanto elegante ed efficace quanto fugace nel descrivere con pochi tratti un concetto o una situazione. Si avrà il piacere di leggere parole spesso fuori dal nostro vocabolario quotidiano ma comunque più che acconce allo scopo.

Insomma, è questo l'augurio, si avrà l'occasione di assaporare un'esperienza letteraria diversa dalla letteratura da supermercato a cui oggi siamo ormai quasi assuefatti.

2. Cos'è la novella

Una prima definizione di novella potrebbe essere inquadrata attraverso il criterio discriminante della quantità. La novella è un racconto breve. Fine. Questa asserzione contiene due affermazioni, cioè che la novella è un racconto e, la seconda, che nell'ambito del genere racconto la novella si distingue per la sua brevità.

All'opposto si potrebbe quindi definire il romanzo come un lungo racconto. Tuttavia, se la novella è in sé un racconto breve, è però anche vero che la quantità, cioè la lunghezza del racconto, da sola non è sufficiente a distinguerla dal romanzo, visto che ci sono dei romanzi che sono più brevi di alcune novelle e viceversa. In effetti, il romanzo si distingue dalla novella soprattutto per la qualità del racconto, poiché ad esso si ascrivono un'ampiezza e una complessità maggiori rispetto alla novella nella rappresentazione della vita.

Nella novella la narrazione in genere si limita al fatto, a un aneddoto, a una storia relativamente semplice in cui il tempo fluisce senza grosse sospensioni, senza salti temporali in avanti e indietro e dove i personaggi non sono troppo sviluppati e definiti. Essa racconta una situazione o un evento cercando di dare l'impressione di un movimento reale e in ciò il fatto, l'evento, prevale per importanza sul protagonista che lo vive.

Ma né il criterio di quantità, né quello di qualità sono sufficienti a definire che cosa sia la novella.

La novella, lo fa intuire la parola stessa, è soprattutto il racconto di qualcosa di nuovo o di insolito e nella novità, nella straordinarietà dell'evento narrato, sono insiti i suoi tratti caratteristici, tratti che ne costituiscono al contempo i punti di forza e di debolezza.

Così, se è vero che la novella è un genere difficile da circoscrivere con precisione, spesso a mezzo tra qualcosa e qualcos'altro, in realtà va detto che nell'epoca considerata in questa antologia non ci si poneva tanti problemi e che dunque non si stava a sottilizzare tra racconto, romanzo, novella o qualche altro genere letterario. Infatti a quei tempi ciò che importava allo scrittore era di raccontare e, nel momento della creazione, non era tanto importante sapere se si stava scrivendo una novella o qualcosa d'altro ma che la narrazione funzionasse, che avesse quello che noi oggi chiamiamo *appeal*. In fondo, la novella nasce fuori dai canoni perché era al di fuori delle regole e l'unica sua vera regola era la funzionalità, l'efficacia del racconto.

Accanto a una produzione culturale "alta", cortese, fatta di nobili fini e ancor più alte aspirazioni, dove la realtà era trascesa e dipinta in nome dell'ideale, coesisteva una produzione culturale meno ambiziosa, più libera e radicata alla sostanza delle questioni reali. La novella è un'espressione di questa produzione meno aulica.

Ma la novella, che nasce popolare, e che per certi versi fu la felice fusione e l'originale rielaborazione degli *exempla*[1], dei *fabliaux*[2], dei *lais*[3] e delle *fabulae milesiae*[4], di certo non avrebbe conosciuto il successo che poi ebbe se, grazie all'opera di un fine letterato quale fu Giovanni Boccaccio, non avesse bussato alla porta della cultura ufficiale e, rifattasi il *maquillage*, non fosse divenuta moda.

Il mondo della novella esisteva già prima del *Decamerone* e ce ne erano di tutti i tipi, serie e comiche, morali e oscene, inventate di sana pianta o riprese e raffazzonate alla bell'e meglio e variamente abbellite secondo il gusto del narratore. Materia profana e frivola, trascurata dagli uomini colti, il merito di Boccaccio, che non si pose altro fine che di scrivere cose piacevoli, fu quello di nobilitare, e non fu cosa da poco, un grande repertorio già esistente, diffuso soprattutto per via orale e che coi suoi aneddoti pervadeva perfino la predicazione dei frati, dandogli dignità letteraria.

---

[1]   Utilizzato nella predicazione popolare con la funzione di catturare e mantenere l'attenzione di un pubblico non colto e di rendere evidente un concetto, l'*exemplum* è un breve racconto che illustra e prova un principio morale.

[2]   I *fabliaux* sono dei brevi racconti in versi, caratterizzati da linguaggio e contenuto procace e scurrile, che cercano l'effetto comico attraverso giochi di parole o situazioni grottesche.

[3]   I *lais* sono dei brevi componimenti in versi di contenuto narrativo in cui le tematiche dell'amore e dell'avventura si intrecciano con gli elementi fiabeschi e meravigliosi tipici delle tradizioni celtiche.

[4]   Le *fabulae milesiae* sono dei brevi racconti realistici e divertenti, a sfondo erotico e avventuroso, narrati in prima persona.

Il *Decamerone* dunque non fu pura invenzione del genio del Boccaccio, ma il felice risultato di un'elaborazione collettiva, passata per diverse forme, a cui lo scrittore certaldese attinse a piene mani con grazia, buon gusto e inventiva, conferendogli il proprio tocco originale.

Per il conferimento di una dignità letteraria da tutti accettata il *Decamerone* fu ed è a tutt'oggi considerato una vera e propria pietra miliare del genere novellistico, un modello sia per l'invenzione del pretesto narrativo che organizza e dà senso al tutto (la cornice), sia per il linguaggio della prosa (viva e facilmente comprensibile), sia per la cultura che sottende (una spregiudicata voglia di vivere che guarda con realismo alla quotidianità).

La novella con Boccaccio si connota di un realismo preumanista, libero da ansie morali e religiose, che gli è caratteristico. In realtà, già in alcuni scrittori medievali è possibile trovare il realismo di chi è capace di scrutare la realtà con occhio attento, ritraendo con puntigliosa precisione i particolari del quotidiano come dell'evento straordinario, ma questa aderenza alla realtà sensibile è molto diversa da quella che da Boccaccio in poi è possibile riscontrare nelle novelle. Negli scrittori medievali, infatti, questo realismo si potrebbe definire come percettivo; la realtà ritratta è immediata, resa al lettore senza rielaborazione e proprio per questo dà l'impressione di essere limitata al particolare, all'episodico, di essere legata alla percezione dei sensi ma priva di un criterio d'insieme in grado di dare vera unità ai frammenti di vita raccolti e fissati su carta. Forse la causa di ciò potrebbe essere per alcuni la scarsa dimestichezza con la penna e con le lettere, ma tale ipotesi, riflettendoci sopra, appare banale e riduttiva, e mi sembra invece più probabile che la causa sia essenzialmente il frutto di una precisa impostazione culturale. In questi scrittori infatti il motore primo della vita e della storia umana è posto fuori dal mondo e quindi chi mette nero su bianco non sempre riesce a cogliere il senso di una volontà e di una logica, quella divina, agli uomini ignota e spesso difficile da comprendere anche a posteriori.

Così, in questa prospettiva, lo scrittore medievale può anche accumulare più particolari e renderli al lettore con minuzioso realismo, ma la sensazione è che questa attenzione ai dettagli non riesca a trovare un proprio senso, che vi siano dei frammenti slegati tra loro che chi scrive cerca di utilizzare per cogliere e giustificare un disegno che tuttavia non conosce.

Il realismo che da Boccaccio in poi si nota è invece un realismo che per certi versi è meno fotografico di quello precedente, che può anche permettersi di trascurare qualche particolare, perché nasce da una riflessione sull'uomo che trova nell'uomo la giustificazione dell'agire. In effetti, in un quadro concettuale dominato dal senso della realtà umana, dove vi è la possibilità di inquadrare ogni azione in una prospettiva comprensibile in quanto terrena, soggetta dunque a logiche di cui come uomini si ha conoscenza, il singolo particolare in sé è meno importante per rendere il senso della realtà.

Se l'uomo medievale, pur stando sulla terra, guarda al cielo e dalla terra cerca di staccarsi con continui slanci, l'uomo rinascimentale sulla terra ci sta ben piantato e gli piace starci. Scomparse le finalità morali, tipiche dell'*exemplum*, con una concretezza tutta mercantile si cerca di ricreare sulla pagina, nella sua multiforme totalità, quanta più quotidianità possibile. Per questo le novelle del Trecento, Quattrocento e Cinquecento sono degli eccezionali documenti del costume dell'epoca, del modo di pensare e di comportarsi della gente di quel tempo. Non solo, la descrizione, per dirla con un linguaggio cinematografico, degli esterni (campagne e borghi, piazze, strade e vicoli di una città o di un paese) come degli interni in cui avviene l'azione (stanze, sale, appartamenti), ci rende una fotografia precisa dell'Italia del tempo. Ed è corretto dire dell'Italia del tempo perché è sorprendente come, in un periodo di spiccate municipalità, di territori divisi, emerga tuttavia un'unità culturale che in un modello, quello boccaccesco del *Decamerone*, e in una parlata, quella toscana, si riconoscono e si rifanno. Così, nonostante i vari novellieri vivano e operino in città diverse, pur nella contaminazione dialettale locale che, chi più chi meno, traspare nelle loro opere, si ha un medesimo canone stilistico, sostanzialmente una medesima lingua e, soprattutto, un medesimo modo di sentire, in pratica un'unica cultura.

Certo, a volte il ritratto sociale che appare non è lusinghiero: costumi corrotti, i sensi che prevalgono sul sentimento, il dubbio e lo scetticismo sulle idealità, ma forse anche per questo c'è molto di attuale in ciò che emerge dal raffronto tra l'Italia di allora e l'Italia d'oggi e forse, come allora, è tanta la voglia di evasione, tanta la voglia di fuggire via, almeno per un po', per non pensare alle tristezze quotidiane.

Così a volte il racconto scade, e c'è chi, come spesso succede anche per altri casi della vita, partito bene, perde lungo la strada il senso del proprio procedere e si abbandona alle facilità che la novella come mezzo espressivo può concedere, puntando sull'osceno e sul triviale o narrando vicende talmente intricate e strane che la verosimiglianza sembra più una possibilità che una realtà e dove ciò che conta è soprattutto l'intreccio. Ciononostante, anche in questi casi di letteratura minore, vale quel senso di sano realismo, di amore per la vita in sé, che fanno della novella, comunque, un momento edificante, non foss'altro per quel lieto momento che può donare mentre la si legge (e già questo non è poco), e, per noi posteri, per quanto ci può aiutare a capire su quel tempo andato.

Ma se questo è il lato basso della novella, occorre per obiettività saperne cogliere anche il lato alto, e in un'epoca come la nostra di difficile integrazione tra razze diverse, di lotte che prendono a pretesto la religione, al di là di ogni discorso teorico, la novella di Melchisedech e dei tre anelli è un bellissimo esempio di saggezza, attuale tanto ieri quanto oggi, un modo semplice e disarmante per cogliere e far capire l'essenza di una situazione complessa.

La novella di Melchisedech è solo un esempio tra i tanti possibili, questo per dire che, come per ogni cosa, se è vero che vi sono stati nella tradizione novellistica rinascimentale degli scadimenti verso il basso, è anche vero che vi sono stati non pochi momenti di slancio verso l'alto. Pertanto in questa sede, senza osannare né demonizzare, chi scrive opta per una linea mediana di coscienza dei pregi e dei difetti di questo vasto repertorio, una linea tesa a cogliere, fior da fiore, quanto di meglio è stato prodotto. In fondo le novelle ritraggono la società nella sua interezza per quello che essa effettivamente è, nei suoi vizi come nelle sue virtù, nelle sue mode e nei suoi pregiudizi, con lo scopo principalmente d'intrattenere. Se poi in questi quadri di vita emerge una società molto simile alla nostra, dove il più delle volte non trionfa una romanzesca virtù ma l'astuzia, in cui non è legge la morale ma il denaro, forse non è colpa dei novellieri ma del loro essere fedeli alla realtà delle cose.

Nel proemio del *Decamerone* Boccaccio afferma: «io intendo di raccontare cento novelle o favole o parabole o istorie che dire le vogliamo». Con questa sovrapposizione di generi Boccaccio di fatto si disinteressa della forma e mira alla sostanza, cioè non gli interessa tanto definire cosa è ciò che ha scritto quanto piuttosto raccontare qualcosa. La novella, che in Boccaccio trova un indiscusso maestro e modello di riferimento, non ha ansie stilistiche, non cerca di definire un canone, ma cerca il racconto, comunque poi lo si voglia chiamare. Non solo, questa sovrapposizione di generi è anche indicativa della genesi della novella, che si pone come un punto d'incontro in cui diverse realtà stilistiche convergono e si fondono dando origine a qualcosa di nuovo.

La novella pare così definibile soprattutto in funzione dello spirito con cui la si produsse, cioè della sua funzione sociale, quindi è soprattutto lieto intrattenimento attraverso racconti brevi. Poi, partendo da qui, e con una certa approssimazione poiché in realtà i confini sono estremamente sfumati, analizzando quella che è stata la successiva produzione novellistica italiana, si può affermare che la novella è una narrazione breve generalmente in prosa (a differenza del *fabliau*), quasi sempre con personaggi umani (a differenza della favola esopica) e contenuti verosimili (a differenza della fiaba), ma non storici (a differenza dell'aneddoto), solitamente priva di finalità morali o comunque, se presenti, decisamente in secondo piano rispetto al racconto (a differenza dell'*exemplum*). Proseguendo si può poi constatare che la maggior parte delle novelle sono prive di personaggi psicologicamente complessi, a tutto vantaggio di una rappresentazione essenzialmente dinamica e realistica della vita, volta a cogliere in maniera preferenziale lo svolgimento fluido e bizzarro delle vicende umane nel loro strano dispiegarsi nel tempo. Il mondo interno dei personaggi in genere non esiste, gli autori si limitano a enunciare in maniera laconica degli stati d'animo che sono, nella dinamica del racconto, per lo più degli impulsi, degli stimoli all'azione, e per questo sono poco analizzati e descritti: "s'innamorò", "s'accese", "amava", ecc. La realtà di questi sentimenti viene fuori dalle azioni, o comunque da atti esterni. Il sentimento non è analizzato, a volte neppure indicato, e prende rilievo solo dall'azione. Così queste figure, realizzate con tratti rapidi e icastici, non sono personaggi autonomi, ma parte del tessuto del racconto di cui costituiscono soltanto uno degli elementi che lo compongono.

Ecco, tutto questo, per approssimazioni successive, è la novella.

3. La novella come punto di incontro di due culture

La novella, si è detto, è un genere popolare che nasce popolare, ancorché sovente scritta da fior di letterati, per le storie che racconta, per la lingua con cui le narra e per il pubblico che le legge, un pubblico da intendersi popolare in quanto il più ampio, per l'epoca, possibile, dagli uomini di corte a chi, grazie al proprio lavoro sa leggere e far di conto.

Nelle novelle, ormai fenomeno di costume nel periodo considerato, vi è una sorta di fusione della cultura alta dei letterati e delle corti con la cultura popolare e in particolar modo carnevalesca, così procedimenti tipici di quest'ultima, come la parodia o il travestimento, entrano a far parte dello scrivere familiare e faceto, espressione su carta della civil conversazione tipica del buon cortigiano.

Finita insieme col medioevo la seriosità di una vita eroica e cavalleresca, la novella, plebea nello spirito e nei fatti (ma forse sarebbe meglio dire borghese), si pose in contrasto grottesco con lo stile nobile e maestoso, ma spesso fuori dal mondo, della cultura ufficiale e lo fece con tanta energia e tanto successo da divenire essa stessa, pur nella sua alterità, parte della cultura ufficiale delle corti.

Per questo il *Decamerone*, dopo tanta finzione, ha avuto il successo che ha avuto anche e soprattutto al di fuori della ristretta cerchia dei letterati e delle corti, per questo la novellistica ha concorso in maniera mirabile alla costruzione di una comunità linguistica italiana. Anche se non mancano gli innesti di forme tipicamente locali, gli scrittori, dal nord al sud, si sentirono *de facto*, per amor di realtà, spontaneamente uniti nella lingua toscana e a questa cercarono di uniformarsi.

Dissolta la concezione del mondo tipica del medioevo, in cui nessuna forma di attività umana poteva essere considerata a sé, al di fuori del suo nesso con l'insieme, l'idea di un'arte fine a se stessa liberò le novelle da possibili legacci metafisici, consentendogli di esprimere al meglio tutta la vivacità di un mondo nuovo che aveva voglia di chiudere col passato e con le fobie che fino ad allora lo avevano turbato.

Semplificando, si può affermare che sono due le direzioni fondamentali della novella, una riguarda quelle di tono nobile, che trattano in genere una materia drammatica (ad esempio la storia di Giulietta e Romeo), l'altra riguarda quelle di tono popolare, che trattano la materia comica e giocosa. Su entrambe le opzioni la stella polare fu il *Decamerone*. Ma il modello boccaccesco fu tanto forte da esercitare un'influenza che, se da una parte sovente impaludò i dotti in sterili imitazioni formali prive di vera creatività, dall'altra fu altrettanto soventemente frainteso da chi, scrittore di matrice popolare, vide nell'arte del Boccaccio solamente risvolti licenziosi o ne tentò dimesse imitazioni. L'imitazione del Boccaccio risultò così insipida per gli uni, i dotti che ne imitarono la forma senza vera creatività, quanto impacciata per gli altri.

Tuttavia, specie per quelle novelle che oggi al lettore moderno potrebbero apparire sciatte, va precisato che l'oralità era parte integrante della cultura del tempo, e che una corretta analisi non può prescindere dal considerare i multiformi rapporti dei testi con l'oralità. In effetti a quei tempi il rapporto tra oralità e scrittura si manifestava tanto nelle opere maggiori quanto in quelle legate alla pratica dicitoria di giullari, buffoni e cantastorie. È anzi normale che, in un contesto sociale dove i livelli di alfabetizzazione erano molto bassi, anche nelle forme artistiche l'oralità la facesse da padrona. Le novelle non fanno eccezione, anzi in esse molto spesso si celebra il primato dell'oralità, in quanto prima di essere scritte furono dette. In questi casi dunque la tradizione orale precede quella letteraria.

Questa grande commistione tra scrittura e oralità, dove i confini tra l'una e l'altra sono molto spesso sfumati, spiega molte delle caratteristiche di fondo delle novelle e cioè che queste, ad esempio, puntano più all'aggregazione e alla partecipazione che all'analisi, che la situazione specifica è preferita all'astrazione, che il testo è scritto come se non fosse tale e che dunque in esso è facile riscontrare quelle ripetizioni e ridondanze proprie del parlato e che l'originalità narrativa non è intesa tanto nell'inventare nuove storie, quanto piuttosto nel creare una particolare interazione col pubblico, anche sfruttando il successo di canovacci consolidati inseriti però in nuovi contesti narrativi, introducendo cioè nuovi elementi in storie antiche e creandone così molteplici varianti.

4. La concretezza della novella

Da un punto di vista storico la novella, per la sua popolare concretezza, meglio di altri generi letterari, si presta ad offrirci un vivace quanto realistico affresco della società italiana rinascimentale e del tardo medioevo, un affresco che ci consente di cogliere molto del vivere e del sentire dell'epoca. Dalle varie storie narrate emergono infatti con evidenza le aspirazioni, i veri timori e le contraddizioni di una società, il comune sentire, privo di ogni alone aulico, di fronte ai tanti aspetti della vita.

Le novelle raccontano la vita degli italiani, dei veri fondamenti della loro moralità riproponendo, in situazioni diverse, di fatto sempre lo stesso schema sullo sfondo delle tre grandi forze, *Fortuna*, *Amore* e *Ingegno*, che danno senso e regolano lo svolgersi della grande commedia umana. Lo schema proposto è quanto mai semplice: con le sue azioni l'uomo cerca di raggiungere la felicità, il percorso però non è lineare e sul cammino si incontrano vari accidenti che bisogna saper affrontare per raggiungere quanto ci si propone.

In una dimensione tutta terrena e laica i personaggi delle novelle ignorano il senso del peccato, la loro responsabilità non è di fronte a Dio, ma solo verso se stessi e verso la collettività. L'intelligenza della ragione è il metro di tutto, lo strumento attraverso cui valutare e dominare se stessi e la realtà circostante, la chiave di volta per agire o per reagire alle avversità.

Così la sensualità che determina l'amore terreno è vista come schietta gioia di vivere, non come passione cupa e degradante e l'amore riscopre la sua duplice dimensione sia di nobile sentimento sia di pura e semplice passione carnale, entrambe legittime in quanto espressioni naturali e terrene.

La *Fortuna* è anch'essa un qualcosa di assolutamente terreno e laico che, nella mentalità pratica e pragmatica della nascente borghesia, nulla ha a che spartire con quella celeste, soprannaturale e provvidenziale, propria della tradizione culturale medioevale ed è piuttosto il fortuito concatenarsi di vicende avverse o favorevoli.

Non si fraintenda però, ciò che emerge non è un mondo ateo, ma un mondo che non si accontenta più di spiegazioni magico-religiose, un mondo che vuole capire e col buon senso della ragione ridere della superstizione, delle credulonerie, un mondo spregiudicato perché realista, a volte triviale perché questi erano i costumi dell'epoca. E se l'opera di Boccaccio, come di altri suoi emuli, poté liberamente circolare fu proprio perché in essa non vi si riscontrava un pericolo per la religione ma solo il ritratto disincantato di una società dove vi era più di un malcostume da mettere alla berlina, affinché col riso ne emergessero le contraddizioni.

Col *Decamerone* per la prima volta nella letteratura ufficiale europea, dopo il dorato quanto finto mondo delle dame e dei cavalieri, irrompe con tutta la sua esuberanza e vitalità la civiltà dei mercanti, che con la loro intraprendenza e tenacia stanno trasformando la società. È una borghesia mercantile facoltosa, di buon gusto, abituata al lusso, spregiudicata nelle parole ma rispettosa delle leggi del decoro e nella sua ideologia l'intelligenza ha la meglio sulla stupidità, il buon senso sulla forza bruta e, nonostante tutto, la cortesia e la nobiltà d'animo sono alla fine premiate.

Prima di Boccaccio nessun autore aveva saputo descrivere così bene il mondo reale, con i suoi pregi e i suoi difetti, utilizzando un linguaggio relativamente semplice e scorrevole, assai vicino a quello che parlava il popolo nella Toscana medievale. Il *Decamerone* da questo punto di vista fu la geniale sistemazione da parte di un fine letterato di una materia molto apprezzata e che rispecchiava la cultura che scaturiva dal mondo del lavoro, dalle forze sociali emergenti, forze che finalmente, non trasfigurate in un tipo ideale inesistente, ma presentate nella loro più vera umanità, trovavano spazio in una letteratura propensa a descriverne le gesta per come erano veramente o per come sarebbero potute essere, sia che ci si dedicasse alle più alte virtù o alle più sfrenate passioni.

5. La donna, l'amore e la sessualità

Si è già detto come tra la cultura ufficiale e la realtà vi fossero degli scostamenti non di poco conto e come, prima dell'avvento della novella come fenomeno di costume, la vita nella trasposizione letteraria non sempre apparisse nella sua concretezza ma, specie in alcuni ambiti, fosse ideologicamente trasfigurata, un esempio eclatante di ciò si ha osservando il ruolo riservato alla donna, all'amore e alla sessualità.

A dispetto di certe pure immagini presentate dall'agiografia cristiana e degli incensi prodigati al sesso femminile dalla cavalleria negli scritti, nei tornei e nelle corti d'amore, in nessuna altra epoca la donna fu forse più turpemente insultata, beffata e svillaneggiata di quanto non lo fu nel medioevo.

L'ideale della "santa", della donna tutta virtù, come quello della dama erano entrambi il frutto di una visione utopistica che mal si conciliava con la realtà e con l'ordine sociale.

Se l'una era il frutto di un'ascesi non certo proponibile come modello ai più, l'altra era l'icona di una donna di mondo che, per quanto fosse tanto corteggiata e idealizzata, veniva in realtà più concepita come oggetto d'amore che come persona, nel presupposto peraltro di un gentil flirtare che presupponeva comunque una certa evanescenza dei vincoli coniugali. Questo secondo aspetto, minando alla base il concetto della fedeltà, nella società dell'epoca di fatto privava la donna, pur corteggiandola e idealizzandola, della base prima su di cui poteva fondarsi la sua dignità, ovvero l'onestà e il rispetto di sé stessa.

L'amore nelle novelle ha sia un registro alto, di amore eroico, melanconico, sia uno più basso di un amore inteso in maniera molto più legata alla sessualità. Questo secondo registro si rifà alla tradizione dei *fabliaux* e sovente narra di beffe e di adulteri.

Ma non è l'adulterio a differenziare il tema amoroso delle novelle nel loro registro basso da quello cortese, perché anche nell'amore cortese, per quanto idealizzato, il tema del desiderio della donna amata spesso sottintende il tradimento coniugale, quanto il modo con cui viene realizzato.

Se nell'amore cortese il tema amoroso è cristallizzato nell'ideale, reso praticamente statico dalla contemplazione della donna amata e dunque il desiderio d'amore, almeno letterariamente, rimane tale, l'amore che traspare nelle novelle è invece un amore dinamico, dove al desiderio non segue la contemplazione ma l'azione, un'azione che ha successo se è sorretta da prontezza, intelligenza e fortuna. In questa praticità a trattare delle cose d'amore si vede chiaramente l'impronta mercantilistica e borghese delle nuove forze sociali che stanno emergendo. In questo realismo che esalta l'intraprendenza e che sa condurre dal pensiero all'azione si comprende quale sia il senso pratico che sottende alle logiche dei novellieri, che hanno il coraggio di scrivere non tanto fatti nuovi in assoluto ma accadimenti che prima, anche pur essendo veri, non avrebbero trovato posto sulla carta.

È, quella delle novelle, una sensualità tanto licenziosa quanto allegra e beffarda, che in nome della ragione naturale canzona tanto il cielo quanto le superstizioni, le malizie, le dabbenaggini, i costumi e il linguaggio delle classi meno colte. Boccaccio con le sue novelle è un testimone, oltre che un maestro, di questo spostamento dalla trascendenza all'immanenza. La vita dell'uomo acquista nuova dignità perché viene valorizzata in sé e non più solo come mezzo (e legaccio al tempo stesso) per raggiungere il divino.

Sebbene i contenuti possano dunque a volte apparire licenziosi, va tenuto conto come in realtà questi non lo fossero affatto per la società dell'epoca e come, nella logica del Boccaccio e degli altri autori di novelle, vi fosse la convinzione che il desiderio non fosse peccato, ma cosa naturale. Se la realtà fisiologica carnale dell'uomo viene da Dio, anche i desideri che da esso ne derivano sono buoni, in quanto dati dalla natura, che essendo opera divina non può essere malvagia. Tramonta il mondo dello spirito e arriva il mondo della natura.

La nuova concezione dell'uomo inteso come *civis*, che lega il *telos*, cioè il fine, lo scopo, il senso della vita, ad istanze proprie dell'uomo si contrappone all'uomo medievale, essenzialmente visto come *fidelis*, dove la vita non aveva gran senso in sé ma come occasione per distaccarsi dal corpo e raggiungere Dio.

In definitiva non è dunque il tema dell'adulterio a distanziare i novellieri dal clima della cultura ufficiale a loro precedente o a ridarci banalmente un concetto d'amore carnale e trasgressivo rispetto all'amore spirituale della scuola dello Stil Novo, l'adulterio, come si è detto, era anche la premessa dell'amor cortese, ma quell'atmosfera ludica e giocosa, tutta terrena, capace di esaltare l'intelligenza che raggira e vince. La differenza non è solo in una sessualità intesa come libertà e trasgressione, ma in una sessualità intesa come fatto naturale che, solleticando negli appetiti l'ingegno, è capace di far emergere abilità nascoste, soluzioni rapide quanto geniali per ottenere quanto è oggetto di desiderio o per tirarsi fuori dalle difficoltà.

6. Il senso del meraviglioso

Si è detto di concretezza e di realismo, ma il mondo narrato dalle novelle è tuttavia il mondo del meraviglioso. Intendiamoci, il meraviglioso delle novelle non è generato dall'intrusione nella vita di forze sovrannaturali, siano queste divine o magiche, ma da uno straordinario concorso di cause difficili da prevedere e da regolare che hanno la loro origine nel diverso combinarsi delle inclinazioni e delle passioni dei singoli. Questo non è in contrasto col senso di concretezza, col realismo che le caratterizza, ma ne è l'elemento vivificante, quello cioè che rende ciò che è potenzialmente concreto, cioè verosimile, anche interessante, tanto interessante da meritare di essere raccontato.

Teatro di fatti umani abbandonati al libero arbitrio e guidati nei loro effetti dal caso, ciò che muove il mondo delle novelle non è Dio, ma l'uomo con le sue passioni e il suo ingegno. Il *deus ex machina* delle azioni umane non sono né l'amore sublime, né l'eroismo cavalleresco, ma l'istinto, le inclinazione naturali e il buon senso che nasce dall'intelligenza.

La verve della novella è nel meraviglioso inteso come imprevisto, il fortuito, la straordinaria concatenazione di cause e di effetti. In quest'ottica, poiché il gioco narrativo è in funzione di questo senso del meraviglioso, poco importa poi che i fatti narrati siano virtuosi o viziosi, ciò che importa è che possano suscitare curiosità e divertire.

Virtù e vizi, in fondo, non sono l'oggetto del racconto ma il suo pretesto e agli occhi del narratore hanno senso solo nel momento in cui sono in grado di creare una situazione fuori dall'ordinario che valga la pena di raccontare. L'effetto comico che ne nasce è dunque il frutto della particolare lente d'ingrandimento con cui l'uomo di spirito vede e interpreta gli accadimenti degli uomini quando questi portano con sé sciocchezza, credulità e ciarlataneria.

Al racconto dei fatti, per accrescere l'effetto comico che si andrà ad ottenere, si aggiunge sovente l'uso dell'ironia, cioè quell'apparente bonomia, quell'aria ingenua con la quale il narratore, facendo il pudico e lo scrupoloso, fa intendere di non voler dire ciò che in realtà è invece ben contento di dire.

Il comico nasce dunque per smascherare le cose e mostrarle nel loro vero aspetto. Sua materia sono dunque la vita pratica degli ecclesiastici, quando questa va in evidente contraddizione con quanto predicato, la semplicità della plebe facile preda dei furbi, la vita sessuale quando la passione, andando contro natura e buon senso, assume tratti anomali (ad esempio il vecchio che ama la giovane, il marito che trascura la moglie, ecc.) o addirittura è rinnegata.

Tuttavia, in questa comicità non c'è un'intenzione seria e alta, non c'è l'obiettivo di correggere i pregiudizi, di riformare le istituzioni, di combattere l'ignoranza o una morale farisaica o poco conforme a natura. Il riso della novella è un riso che smaschera ma non denuncia; fine a se stesso, è funzionale al cercare di scacciare la noia e la malinconia, è un attimo di evasione che non ambisce a essere altro se non questo.

Oggetto di scherno, si diceva, sono la sciocchezza, la credulità, la vanità, la millanteria, i desideri volgari ma anche, e non da ultimo, la furbizia beffata. In effetti, per la legge del meraviglioso, del fatto straordinario, era da considerarsi comica, anzi più comica perché il fatto è insolito, la beffa perpetuata ai danni di quelli che ordinariamente beffano; infatti, se beffare un sempliciotto è semplice, beffare un furbo è assai più difficile, ma proprio per questo il riuscirvi dà maggior soddisfazione e segna anche la vittoria dell'intelligente sul furbo.

Ecco, tutto ciò costituisce il senso del meraviglioso che alimenta e dà verve alla novella.

La novella trae la propria materia dalla società, e in particolare dai suoi vizi, senza altro scopo che d'intrattenere piacevolmente. Alla base delle novelle vi è l'intreccio delle situazioni, un intreccio a volte così avviluppato da essere quasi un garbuglio. Nei fatti viene cercato il nuovo e lo strano, insomma qualcosa che stuzzichi l'immaginazione, senza curarsi troppo se poi questo nuovo rischia di sfociare, per mancanza di garbo o di inventiva, nel buffonesco, nel grottesco, nell'osceno o se si perde di vista il realismo e si cade nell'assurdo.

7. Cos'è comico?

Le parole riso e sorriso dicono tutto e niente, la loro polivalenza semiotica le rende espressioni di più stati d'animo e di più atteggiamenti, vi è così il riso della gioia e quello della sorpresa, quello pudico e quello dettato da timidezza, vi è quello che nasce dal disprezzo e quello che è espressione di crudeltà. Poiché finora se ne è parlato, quasi girandogli attorno, ma non lo si è ancora definito, vediamo dunque di capire che cosa è comico e perché.

Una certa cultura ha sempre visto il comico come un'espressione artistica minore, se non addirittura volgare, tuttavia il comico, specie quando esercita l'ironia, non solo ci intrattiene e ci diverte ma ci conduce senza grandi sforzi a una riflessione sulla realtà mostrandocene anche i lati oscuri. Nelle novelle rinascimentali vi è sempre un duplice aspetto del riso, ovvero il ridere di qualcuno, che può essere il protagonista della novella o la vittima di una burla attuata dal protagonista, e il ridere con qualcuno, il pubblico, un riso quest'ultimo pieno di empatia, che è condivisione di valori, partecipazione di un certo modo di vedere il mondo.

Il genere comico non è però facile, perché non è facile far ridere o sorridere. Sono tanti i registri che si possono utilizzare, dall'ironia alla satira, dalla parodia al grottesco, e il saperlo fare non è cosa da tutti, anche perché vanno scelti quelli giusti, quelli che si accordano al contesto narrativo e allo scopo prefisso. C'è così la satira, che sbeffeggia le forme e i valori della cultura ufficiale, la caricatura, che con le sue immagini distorte utilizza la forza demolitrice del paradosso, l'umorismo, che sospendendo i modi comuni di giudicare scopre modi di pensare divergenti, l'ironia, che può finemente alludere o esprimere l'esatto contrario di ciò che afferma. Il comico può anche nascere dal compiacimento col quale si coglie il lato debole di qualcosa e, confrontandosi con la situazione presa in esame, si prova un senso di superiorità oppure dall'attesa delusa, cioè quando accade qualcosa di diverso rispetto a quanto ci si aspetta.

Irridente e provocatorio, a volte il comico, utilizzando il contrasto per gettare una luce imprevista e alternativa sugli schemi più convenzionali, con i suoi ribaltamenti di prospettiva può mostrare l'altra faccia della realtà. La libertà di pensiero che è necessaria allo spirito comico può così portare a correlazioni incongruenti che di fatto ci danno una conoscenza del vero attraverso forme ossimoriche. La comicità in fondo è proprio questo, la capacità di modificare il proprio punto di vista per vedere e interpretare il mondo con occhi nuovi, trovando una via sociale, in quanto la comicità per essere tale deve essere intesa e condivisa, per riconoscere assurdità, ingiustizie e penetrare le pieghe profonde dell'animo umano.

È poi anche vero che se lo spirito comico si esprime attraverso la libertà di pensiero, la capacità di sciogliersi dai legacci di consuetudini, morali e visioni stereotipate, non bisogna tuttavia nascondersi che nel corso dei secoli il comico a volte ha anche subito degli snaturamenti, si è incagliato anch'esso nella facilità dei luoghi comuni, si è adattato alle mode impoverendosi nella sua forza immaginativa e nel suo antagonismo sociale. Comunque, il riso e il sorriso sono una salutare arma liberatoria per non prendere troppo sul serio né se stessi né la realtà e per questo si possono considerare come dei benefici talismani per una vita più gaia e, probabilmente, anche più carica di quella saggezza che ci può aiutare, in un mondo come quello attuale dove stress e nervosismo sono all'ordine del giorno, a ricondurre ogni cosa nella giusta dimensione.

Certo, ciò che fa ridere oggi probabilmente non avrebbe sortito lo stesso effetto ieri o avrebbe fatto ridere in maniera diversa. Analogamente, il riso che nasce dalla nostra lettura delle novelle non è lo stesso che veniva suscitato all'epoca in cui sono state scritte, ciò che è cambiato, nella stabilità del racconto, è il contesto sociale di riferimento, i valori condivisi su cui far leva per ottenere l'effetto comico. Così, molte novelle che noi oggi giudichiamo forse un po' insipide o altre che riteniamo gratuitamente oscene, in realtà all'epoca non erano percepite come tali.

Tuttavia, nonostante noi uomini d'oggi si abbia ben poco in comune con gli uomini di ieri, primi fruitori di questi racconti, nelle novelle del periodo proposto si troverà una vivacità, una freschezza, una voglia di vivere, un sano realismo, una laicità, che non possono non suscitare alla lettura, se non un riso, comunque una sana allegria e regalare, oggi come allora, un breve momento di evasione in cui lasciarci alle spalle, almeno per po', parte di quei problemi che costituiscono purtroppo uno degli aspetti caratterizzanti la nostra quotidianità. E non è poco.

La cultura del Medioevo è caratterizzata da un'austerità pressoché totalizzante, dove dominano concetti quali la mortificazione della carne, la necessità di una grande fiducia nella provvidenza, un forte senso del peccato e della sofferenza. Il tono serio era l'unico ritenuto consono ad esprimere la verità, il bene e, in generale, tutto ciò che poteva esserci di importante e di significativo. La serietà era dunque ufficiale, autoritaria, e in ciò associata ai divieti, alle restrizioni, a un senso di paura.

Ma la seriosità esclusiva medievale, propria di un sistema teocratico con un potere politico che molto affidava più alla forza che al consenso, anche in pieno Medio Evo sarebbe andata stretta e non avrebbe avuto futuro se non si fosse creata qualche valvola di sfogo, cioè se *underground* non fosse stata tollerata, per non dire legalizzata, una certa qual forma di allegria.

Così, accanto alle forme canoniche della cultura medievale, cominciarono a prendere vita espressioni culturali parallele di carattere puramente comico che vissero e si svilupparono al di là della sfera ufficiale della letteratura e delle corti e che proprio grazie al loro essere al di fuori hanno potuto maturare una comicità radicale, frutto di libertà, lucidità e concretezza. Sulle piazze, durante certe festività, e in certe espressioni artistiche a carattere ricreativo potevano dunque emergere con travolgente irruenza comica quelle verità nascoste che l'ideologia ufficiale bandiva.

La decomposizione poi, per moto proprio e sotto la spinta dell'emergente borghesia mercantile, dell'ordine feudale e teocratico del Medioevo, contribuì alla mescolanza e alla fusione dell'ufficiale col non ufficiale.

La cultura comica popolare, formatasi e consolidatasi attraverso le forme non ufficiali dell'arte, in particolar modo racconto orale e spettacolo (es. le giullarate), fece così irruzione nella letteratura alleandosi con le più avanzate idee dell'epoca proprie del sapere umanistico e con nuove forme di espressione stilistica.

Questo nuovo livello portò il lucido e sfrontato cinismo radicale e materialista della vis comica popolare a un nuovo stadio di sviluppo, a una coscienza di sé e delle proprie valenze, trasformando ciò che prima era moto spontaneo in un'espressione di una nuova percezione storica, libera e critica, del proprio tempo. Il riso divenne così il superamento della paura, della paura del mistero, del mondo, del potere, della fame, della morte e, senza porre divieti e restrizioni, svelava la verità cercando il consenso, l'approvazione sociale del proprio incedere logico. Non è un caso che molte delle cornici narrative che fanno da sfondo alle raccolte di novelle partano da una situazione di morte, da un punto basso della vita in cui la cultura del riso non è solo un momento di fuga dall'oggi ma l'elemento portante di una strategia di riscatto.

Nel Rinascimento lo *humour* è così un fatto culturale, uno dei tratti caratteristici del tempo, l'espressione di un certo spirito arguto che considera sorridendo la condizione umana, per questo presente non solo nelle conversazioni di corte e nella letteratura ma anche nelle diverse situazioni del vivere civile, per esempio nelle giocose decorazioni dipinte o scolpite da famosi artisti nei saloni, nelle logge e nelle camere da letto delle ville e dei palazzi signorili.

Certo, come si è detto, il comico cambia nei secoli e ciò che fa ridere oggi è diverso da ciò che faceva ridere un tempo, ma dove la vis comica è autentica ancora oggi il riso è un moto spontaneo che rallegra la lettura. Nei più banali autori di novelle il comico è luogo comune e riprende i canoni della satira contro gli ecclesiastici, le donne e i villani, ma in altri è vero esempio di creatività, di un modo goliardico di concepire la vita.

In ogni caso, nelle novelle rinascimentali è possibile ravvisare un grande interesse per l'eccezionalità, per la straordinarietà, nel senso di ciò che fuoriesce dall'ordinario, l'interesse per storie vere, o spacciate per tali, ricche di accidenti, di mutamenti improvvisi, in nome di un'allegrezza comica fatta a spese dell'ignoranza, della superstizione e dei pregiudizi, un'allegrezza che esalta l'astuzia del ben agire e l'arguzia del ben parlare, che ama le macchinazioni ingegnose escogitate per far danari o per possedere la persona desiderata.

Forse è proprio per questa sua funzione ludica, per un divertimento senza troppi secondi fini, che la novella, presa poco sul serio, fu lasciata libera, libera nella lingua, libera nelle tematiche, libera nella morale che ne traspare. È in questa aria di libertà lasciata a un genere considerato letterariamente minore, chissà perché nell'arte ciò che ha a che fare col divertimento è considerato minore, che si dispiega la forza della novella come spontaneità, immediatezza di un genere privo di freni e vincoli intellettuali, dove le barriere tra lingua scritta e lingua parlata sembrano quasi annullarsi.

Tra le principali forme del comico che si riscontrano nella novella vi sono:

- il *motto di spirito*, che per essere veramente tale necessita di *forza allusiva*, cioè deve essere in grado di coinvolgere emotivamente gli interlocutori, facendo riferimento a un contesto noto che in quel momento viene messo alla berlina, di *tempismo*, cioè deve essere immediato, arrivare nel tempo giusto, né prima né dopo, per suscitare l'effetto sorpresa sugli interlocutori, di *imprevedibilità*, deve cioè scardinare le attese deformando in maniera comica la prospettiva logica e razionale delle cose;
- la *beffa premeditata*, che in genere è raccontata attraverso una precisa scansione temporale e che vede prima una fase creativo-preparatoria, in cui la beffa viene ideata e organizzata, una in cui la beffa viene eseguita, quindi un'ultima fase in cui ne sono descritti gli effetti nel tempo;
- *equivoci e malintesi*, che solitamente nascono o dal fatto che due soggetti danno di una medesima situazione due interpretazioni diverse e, confrontandosi, interpretano ogni riferimento fatto dall'altro in funzione del proprio ordine di idee, oppure dal fatto che un oggetto o una persona sono scambiati per un'altra;
- gli *scherzi del destino*, cioè un insieme di circostanze fortuite che, sommatesi assieme, creano, in virtù di una serie di coincidenze inanellate a una a una, una situazione del tutto insolita, tanto improbabile quanto comunque verosimile. Gli scherzi del destino si possono poi distinguere in positivi, se c'è il lieto fine e il protagonista, magari anche senza merito, al termine della vicenda si ritrova in qualche modo premiato, e in negativi se invece, nonostante gli sforzi e l'impegno, il finale vede la punizione di un protagonista magari privo di colpa alcuna.

Considerata all'epoca, ma a torto, un genere letterario facile da realizzare, la novella fu una vera e propria moda in cui letterati, ma anche semplici uomini d'affari, cercarono di cimentarsi per dimostrare a sé e agli altri di saper bene intrattenere. In realtà, poiché raccontare, come ben si sa, non è da tutti, anche questo genere, che si vorrebbe semplice, non a tutti fu congeniale e i risultati furono qualitativamente molto diversi da autore ad autore.

Si ebbero così novelle in lingua latina, poche in verità, e novelle in volgare. Gli autori erano letterati eruditi o uomini affermati che diventavano scrittori senza ambizione d'arte e che componevano per il loro e l'altrui diletto. Questi ultimi, soprattutto, trassero dal loro essere o sentirsi popolari quella prontezza e quell'arguzia propri della spontaneità della gente comune, che tanto affida nei suoi giudizi a un sano pratico buon senso. Fu in nome di questo modo spiccio di vedere il mondo che venne colto e messo in risalto il ridicolo di certi comportamenti, quel ridicolo che si giudicava un bene poter canzonare e irridere con una sana e liberatoria risata. In fondo, chi aveva imparato a leggere e scrivere senza grammatica, in maniera "mercantesca", ovvero per fare affari, era abituato all'uso di una scrittura non raffinata che, senza inutili ornamenti, andava al sodo e, poiché funzionale alle proprie esigenze, non sentiva certo il bisogno di passare dalla scrittura dell'uso corrente a quella posata dei letterati, neanche se si accingeva a scrivere qualcosa che con gli affari aveva poco a che spartire. Per questi letterati senza pedigree la scrittura mercantesca era scrittura totale, polivalente, adatta a ogni esigenza sia documentaria che libraria.

Questi scrittori "improvvisati" il più delle volte non crearono delle raccolte ma delle novelle spicciole che, proprio per questo e per l'assenza di una qualche velleità artistica da parte dell'autore, ci sono giunte molto spesso in forma anonima, come la *Novella del grasso legnaiolo*, attribuita ad Antonio Manetti, quelle di *Lisetta Levaldini e Bianco Alfani*, attribuite a Piero del Nero, la *Novella di Giovanni Cavedone*, la *Novella di Giacoppo*, e così via.

Tra i letterati e gli intellettuali, invece, alcuni, come Baldassarre Castiglione o Giorgio Vasari, concepirono le novelle quale nota lieve inserita all'interno di opere più complesse e profonde, altri, come Niccolò Machiavelli e Luigi Alamanni, le scrissero come *divertissement* rispetto alla loro attività letteraria principale, altri ancora, come Matteo Bandello, Agnolo Firenzuola, Anton Francesco Grazzini, per citarne solo alcuni, infine, intesero farne gli elementi principali di un'opera letteraria, è questo il caso delle raccolte di novelle.

In un'epoca in cui l'imitazione, e non solo dei classici latini, era la norma, non c'è poi da stupirsi se molte delle trame delle novelle furono sviluppate e riprese, ognuno col proprio tocco, da più autori e se il modello decameroniano fu accettato a tal punto da divenire una vera e propria matrice per la costruzione delle raccolte di novelle. D'altronde è anche vero che il fascino e il successo del *Decamerone*, di cui neanche oggi può essere messa in discussione la grandezza, a quei tempi era così forte da risultare un metro a cui era difficile sottrarsi e ciò valeva tanto per lo scrittore, che poteva più o meno ambire di imitarlo ma che comunque non poteva non tenerne conto, e tanto per il lettore, che comunque era portato a fare il confronto.

L'imitazione poteva essere nella cornice, nell'argomento, nella trama, nel colore di qualche scena o personaggio e, come spesso accade, si verificò un po' di tutto: ci furono cioè quelli che, imitando il Boccaccio pedissequamente, ne illanguidirono lo spirito, poiché nell'attenersi rigorosamente al modello persero di vista la creatività; quelli che, travisandone lo spirito spregiudicato e la concezione laica della vita, pensarono che l'essenza della novella passasse attraverso il grottesco e l'oscenità e persero di vista l'equilibrio, il saper trattare con leggera allegria anche argomenti licenziosi senza tuttavia cadere nel triviale; e quelli che, partendo da un modello di riferimento di cui avevano fatto tesoro, seppero comunque innestare guizzi di novità e dare un'impronta personale alla loro opera e portare linfa, rinnovandolo dall'interno, a un genere che per essere vivo necessita sempre di un elemento di novità.

Il *Decamerone* nacque nel contesto storico del tramonto della società feudale e l'ascesa di una nuova classe dirigente che fondava la propria potenza sul lavoro e la novella è presentata come una sorta di rifugio, un'evasione non solo dal pensiero della peste che incombe sulla città, ma dal declino della società feudale. In effetti in Boccaccio convivono elementi vecchi e nuovi, elementi di un mondo e di un modo di pensare ormai agli sgoccioli e quelli di una nuova società e di una nuova classe dirigente che si sta apprestando a prendere il potere.

Anche nel '500, di fronte a una situazione politico-sociale in cui è già possibile ravvisare i segni di una crisi incombente, del declino di un certo tipo di società, la novella, come divertissement, sembra essere una sorta di rifugio, un momento di distrazione dai problemi del quotidiano. Tuttavia la differenza sociale tra la novella decameroniana e quella cinquecentesca è epocale, è quella di una mutata prospettiva; in entrambi i casi essa si configura come genere d'evasione, ma mentre nell'uno prelude un nuovo che avanza e che in parte già si intravvede, nell'altro, in assenza di una nuova prospettiva sul futuro, tende a rinchiudersi su se stessa e ad attuare quella involuzione che in parte la dissolve all'interno di una ostentata gaiezza, gaiezza che in realtà vuole essere anche una volontaria miopia su quanto si sta profilando all'orizzonte.

Non solo, nella seconda metà del '500, sotto gli influssi dell'austero clima della Controriforma, la novella perse molta della propria vis giocosa. Se la letteratura nel suo complesso divenne più moraleggiante, la novella in particolare sbiadì nell'espressione, alcune tematiche vennero abbandonate e altre affrontate con molta cautela. La spontaneità e la freschezza cedettero il posto a una tentazione educativa che distillava la realtà per mostrarne solo taluni aspetti epurati. La narrazione così assunse spesso un corso forzoso che segnò il declino della novella rinascimentale, quella novella che faceva del riso e del realismo i suoi punti di forza.

ALLEGRE NOVELLE

Novelle del Duecento

Una giusta sentenza[1]

In Alessandria, la qual è nelle parti di Romania[2] (acciò che sono
dodici Alessandrie, le quali Alessandro fece il marzo dinanzi ch'elli
morisse[3]); in quella Alessandria sono le rughe[4] ove stanno i saracini,

---

[1] Anonimo, *Novellino*, novella IX. - Il *Novellino* è giunto a noi in più redazioni, diverse fra
    loro per sostanziali differenze di forma e di materia. La prima edizione fu fatta a Bologna
    nel 1525 per i tipi di Girolamo Benedetti da Carlo Gualteruzzi col titolo di *Le ciento novel-
    le antike*. Nel 1572, edito dai Giunti, comparve a Firenze il *Libro di novelle et di bel parlar
    gentile*, curato da Vincenzo Borghini. È una lezione del *Novellino* assai diversa dalla prece-
    dente, dove 17 novelle furono completamente omesse e ne furono però rispigolate altrettan
    te in modo da giungere così a rifare il numero delle cento. Le varie edizioni successive
    dell'opera si rifanno a una delle due edizioni sopra citate o si avvalgono ecletticamente del
    contributo di tutte e due. Il titolo *Novellino* compare nell'edizione milanese del 1836 di
    Sonzogno. Sul tempo in cui fu composta l'opera la data oscilla tra il 1193 e il 1350. Tanta
    diversità dipende dal valore attribuito all'una o all'altra delle due edizioni di riferimento. La
    maggior parte degli studiosi è comunque convinta che il libro sia stato scritto verso la fine
    del Duecento, molto probabilmente tra il 1280 e il '90.

[2] In Oriente, in Egitto.

[3] Secondo la tradizione Alessandro Magno, prima di morire, nel mese di marzo diede il suo
    nome a dodici città: Alessandria di Isso (Alessandretta), Alessandria d'Egitto, Alessandria
    Margiana (Mary), Alessandria Ariana (Herat), Alessandria Arachosia (Kandahar), Alessandria
    del Caucaso (vicino all'odierna Bagram), Alessandria Escata (Hodžent), Alessandria Bucefala
    (Jhelum), Alessandria sul fiume Indo (Khanpur), Alessandria di Susiana (Charax Spasinu),
    Alessandria nella Carmania (a nord dello stretto di Hormuz), Alessandria a ovest del delta
    dell'Indo, sul Mar Arabico.

[4] Strade, dal francese *rue*.

li quali fanno i mangiari a vendere, e cerca l'uomo la ruga per li più e netti mangiari e più dilicati, siccome l'uomo fra noi cerca de' drappi[5].

Un giorno di lunedì un cuoco saracino, lo quale avea nome Fabrat, stando alla cucina sua, un povero saracino venne alla cucina con un pane in mano. Danaio non avea, da comperare da costui. Tenne il pane sopra il vasello[6], e ricevea il fumo che n'usciva. E inebriato[7] il pane del fumo, che n'usciva del mangiare, e quelli lo mordea, e così il consumò di mangiare.

Questo Fabrat non vendèo bene, questa mattina. Recolsi a ingiuria e a noia, e prese questo povero saracino, e disseli:

– Pagami di ciò che tu hai preso del mio! –

Il povero rispose:

– Io non ho preso della tua cucina altro che fumo. –

– Di ciò c'hai preso del mio, mi paga – dicea Fabrat.

Tanto fu la contesa che, per la nova quistione e rozza[8] e non mai più avvenuta, n'andaro[9] le novelle al Soldano[10]. Il Soldano, per molta novissima cosa, radunò savi e mandò per costoro. Formò[11] la quistione. I savi saracini cominciaro a sottigliare[12]. E chi riputava il fumo non del cuoco, dicendo molte ragioni:

– Il fumo non si può ritenere che torna ad alimento[13], e non ha sustanzia né propietade che sia utile; non dee pagare. –

Altri dicevano:

---

5   Le botteghe delle stoffe.

6   Forno, ma anche tegame, pentola.

7   Imbevuto, inzuppato.

8   Fatta con asprezza e in termini duri e villani.

9   Giunsero.

10   Sultano.

11   Formulò, pose.

12   Argomentare in maniera sottile, cavillare.

13   Che è un alimento.

– Lo fumo era ancora congiunto col mangiare, era in costui signoria[14], e generavasi della sua propietade. E l'uomo sta per vendere di suo mistiere[15], e chi ne prende è usanza che paghi. –

Molte sentenzie v'ebbe. Finalmente fu il consiglio:

– Poi ch'elli sta per vendere le sue derrate, e altri per comperare, tu, giusto signore, fa che 'l facci giustamente pagare la sua derrata, secondo la sua valuta. Se la sua cucina che vende, dando l'utile proprietà, di quella suole prendere utile moneta, e ora ch'a venduto fumo, che è la parte sottile[16] della cucina, fae, signore, sonare una moneta, e giudica che 'l pagamento s'intenda fatto del suono ch'esce di quella. –

E così giudicò il Soldano che fosse osservato.

---

14 Di proprietà del cuoco.

15 L'attività della vendita del mangiare è il mestiere del cuoco.

16 La parte più leggera e vaporosa.

IL NOVELLATORE DI EZZELINO[17]

Messere Azzolino[18] avea uno suo novellatore, il quale facea favolare[19], quando erano le notti grandi di verno[20].

Una notte avvenne che 'l favolatore avea grande talento[21] di dormire, e Azzolino il pregava che favolasse.

Il favolatore incominciò a dire una favola d'uno villano, che avea suoi cento bisanti[22], il quale andò a uno mercato, a comperare berbìci[23], ed èbbene due per bisante.

Tornando con le sue pecore, un fiume ch'avea passato era molto cresciuto per una grande pioggia che venuta era.

Stando alla riva, vide un pescatore povero, con un suo burchiello[24] a dismisura piccolino, sicché non vi capea[25] se non il villano e una pecora per volta.

Allora il villano cominciò a passare con una berbìce, e cominciò a vogare. Lo fiume era largo. Voga e passa.

E lo favolatore restò di favolare[26].

---

17 Anonimo, *Novellino*, novella XXXI.

18 Ezzelino III da Romano (1194 - 1259), signore di Verona, Bassano, Vicenza, Padova, Treviso, storicamente noto come un feroce tiranno fu il principale sostenitore del partito ghibellino nell'Italia settentrionale. Astuto quanto spietato, delle sue scelleratezze sono piene le pagine dei cronisti dell'epoca, Dante nell'Inferno lo immagina a bollire in un fiume di sangue in mezzo agli assassini.

19 Raccontare.

20 Nelle lunghe notti d'inverno.

21 Voglia.

22 Monete che devono il proprio nome alla città di Bisanzio, dove erano coniate. Il bisante poteva essere bianco o saracinato. Il bisante bianco corrispondeva circa a un ducato, quello saracinato, che era d'oro, valeva 3,3 volte quello bianco.

23 Pecore.

24 Piccola barca a remi o a vela utilizzata per il trasporto di passeggeri o merci nei fiumi e nei laghi.

25 Non ci stava.

26 Fermò il proprio racconto.

E Azzolino disse:

– Va' oltre! –

E lo favolatore rispose:

– Lasciate passare le pecore, poi conterò[27] il fatto. –

Ché le pecore non sarebbeno passate in uno anno, sicché intanto puoté ben ad agio dormire.

---

[27] Racconterò.

Un fedele, il suo signore e i fichi[28]

Uno fedele[29] d'un signore, che tenea sua terra, essendo a una stagione i fichi novelli, il signore, passando per la contrada, vide in su la cima d'un fico, un bello fico maturo. Fecelsi[30] cogliere.

Il fedele si pensò:

– Dacché li piacciano[31], io li guarderò[32] per lui. –

Sì[33] si pensò d'imprunarlo[34] e di guardarli.

Quando furono maturi, sì gliene portò una soma[35], credendo venire in sua grazia. Ma, quando li recò, la stagione era passata, che n'erano tanti, che quasi si davano a' porci.

Il signore, vedendo questi fichi, sì si tenne bene scornato[36], e comandò a' fanti[37] suoi che 'l legassero, e togliessero que' fichi, e a uno a uno gli le gittassero entro il volto. E quando il fico li venìa presso all'occhio, e quelli gridava:

---

28 Anonimo, *Novellino*, novella LXXIV. - Questa novella appare in varie forme simili, anche se non sempre dall'esito comico, in più scritti. Lo storico Svetonio, ad esempio, racconta di un pescatore di Capri che, volendo fare omaggio all'imperatore Tiberio di una grande triglia, osò violare la sua privacy e, soprattutto, la sua sicurezza. L'Imperatore, che si era ritirato in una sua villa a Capri, probabilmente villa Jovis, anche per sfuggire alle varie congiure ordite contro di lui, era infatti convinto che, data la posizione strategica della casa, nessuno potesse arrivare a lui senza passare per le guardie. Così, quando il povero pescatore caprese gli comparve davanti con una grossa triglia, stupito e atterrito gli domandò da dove fosse venuto, e risposto questi che era arrivato grazie a un erto sentiero a lui solo noto, comandò allora ai soldati che per ricompensa gli fosse strofinata in faccia la triglia. Al che il pescatore esclamò: «Meno male che non portai aragoste!». E Tiberio, colta l'indicazione del pescatore, ordinò che il volto fosse strofinato con le aragoste.

29 Vassallo.

30 Se lo fece.

31 Poiché gli piacciono.

32 Serberò.

33 Così.

34 Cingerlo.

35 Carico che porta una bestia.

36 Beffato, svergognato.

37 Il termine può essere riferito sia a dei soldati sia a dei servi.

– Domine[38], ti lodo! –

Li fanti, per la nuova[39] cosa, l'andaro a dire al signore.

Il signore disse[40] perch'elli dicea così. E quelli rispose:

– Messere, perché io fui incorato[41] di recare pesche; che, s'io l'avessi recate, io sarei ora cieco. –

Allora il signore incominciò a ridere, e fecelo sciogliere e vestire di nuovo, e donolli per la nuova cosa ch'avea detta.

---

38 Signore.

39 Singolare, ma anche piacevole.

40 Chiese.

41 Tentato, indotto.

LA VOLPE E IL MULO[42]

La volpe andando per un bosco, si trovò un mulo, e non n'avea mai più veduti. Ebbe gran paura e fuggì; e, così fuggendo, trovò il lupo. Disse come avea trovata una novissima bestia, e non sapea suo nome.

Il lupo disse:

– Andiamvi! –

Furono giunti a lui. Al lupo parve vie più nuova. La volpe il domandò di suo nome.

Il mulo rispuose:

– Certo io non l'ho ben a mente, ma se tu sai leggere, io l'ho scritto nel piè diritto, di dietro. –

La volpe rispuose:

– Lassa, ch'io non so leggere! ché molto lo saprei volentieri![43] –

Rispose il lupo:

– Lascia fare a me, che molto lo so ben fare. –

Il mulo sì li mostrò il piè diritto, sicché li chiovi[44] pareano lettere. Disse il lupo:

– Io non le veggio bene. –

Rispose il mulo:

– Fatti più presso[45], però che sono minute[46]. –

Il lupo si fece sotto, e guardava fiso. Il mulo trasse e dielli un calcio tale che l'uccise. Allora la volpe se n'andò e disse:

– Ogni uomo che sa lettera[47], non è savio. –

---

[42] Anonimo, *Novellino*, novella XCIV.

[43] Io non so leggere, altrimenti lo farei volentieri.

[44] Chiodi.

[45] Avvicinati.

[46] Perché sono molto piccole.

[47] Leggere.

BITO E SER FRULLI[48]

Bito fu fiorentino, e fu bello uomo di corte, e dimorava a San Giorgio, oltr'Arno. Avea un vecchio, ch'avea nome ser Frulli, e avea un suo podere, di sopra a San Giorgio, molto bello; sicché, quasi tutto l'anno, vi dimorava con la famiglia sua. E ogni mattina mandava la fante[49] sua, a vendere frutta, o camangiare[50], alla piazza del ponte[51]. Ed era sì iscarsissimo[52] e sfidato[53], che faceva i mazzi del camangiare, e annoveravali[54] alla fante, e faceva ragione che pigliava[55]. Il maggiore amonimento che le dava si era che non si posasse[56] in San Giorgio, però che v'aveva femine ladre.

Una mattina passava la detta fante, con uno paniere di cavoli. Bito, che prima l'avea pensato, s'avea messa la più ricca roba di vaio[57] ch'avea, ed essendo in sulla panca di fuori, chiamò la fante. Ed ella venne a lui incontanente, e molte femine l'aveano chiamata prima, non vi volle ire[58].

– Buona femina, come dài cotesti cavoli? –

– Messere, due mazzi al danaio. –

– Certo, questa è buona derrata; ma dicoti che non ci sono se non io e la fante mia, ché tutta la famiglia mia è in villa, sicché troppo mi sarebbe una derrata, e io li amo più volentieri freschi. –

---

48 Anonimo, *Novellino*, novella XCVI.

49 Serva.

50 Erbaggio, companatico.

51 Ponte vecchio.

52 Avaro.

53 Diffidente.

54 Contava.

55 Faceva il conto di tutto il denaro che doveva ricavarne.

56 Fermasse.

57 Pelliccia molto pregiata, *petit-gris*.

58 Andare.

Usavansi allore le medaglie[59] in Firenze, che le due valevano un danaio; però disse Bito:

— Dammene ora un mazzo; dammi un danaio e te' una medaglia, e un'altra volta torrò l'altro mazzo. —

A lei parve che dicesse bene, e così fece. E poi andò a vendere li altri a quella ragione[60] che 'l signore li avea data. E tornò a casa e diede a ser Frulli la moneta. Quelli, annoverando più volte, pur trovava meno un danaio. Disselo alla fante. Ella rispose:

— Non può essere! —

Quelli, riscaldandosi con lei, domandolla se s'era posata a San Giorgio. Quella volle negare, ma tanto la scalzò[61] ch'ella disse:

— Sì, posai a un bel cavaliere, e pagommi finemente. E dicovi ch'io li debbo dare ancora un mazzo di cavoli. —

Rispose ser Frulli:

— Dunque ci avrebbe ora meno un danaio in mezzo? —

Pensovvi suso[62], avidesi dello 'nganno e disse alla fante molta villania, e domandolla dove quelli stava. Ella gliele disse appunto. Avvidesi ch'era Bito, che molte beffe li avea già fatte.

Riscaldato d'ira, la mattina per tempo si levò e misesi sotto le pelli una spada rugginosa, e venne in capo del ponte. E là trovò Bito, che sedea con molta buona gente. Alza questa spada, e fedito l'avrebbe, se non fosse uno che lo tenne per lo braccio. Le genti vi trassero smemorate, credendo che fosse altro. E Bito ebbe gran paura; ma poi, ricordandosi com'era, incominciò a sorridere. Le genti, che erano intorno a ser Frulli, domandarlo com'era. Quelli il disse con tanta ambascia, ch'a pena poteva. Bito fiece cessare[63] le genti, e disse:

---

[59] Monetine di argento e rame, dette anche mezzi denari, in uso anche in altri Paesi, come ad esempio Pisa e Francia, dove erano denominate anche oboli, *mailles* o *mesailles*.

[60] Prezzo.

[61] Incalzò.

[62] Ripensandoci.

[63] Allontanare, stare indietro.

– Ser Frulli, io mi voglio conciare[64] con voi. Non ci abbia più parole. Rendete il danaio mio, e tenete la medaglia vostra. Ed abbiatevi il mazzo di cavoli con la maladizione di Dio. –

Ser Frulli rispose:

– Ben mi piace. E se così avessi detto in prima, tutto questo non ci sarebbe stato. –

E non accorgendosi della beffa, sì li diè un danaio e tolse una medaglia, e andonne consolato. Le risa vi furo grandissime.

---

64 Riconciliare, accomodare.

Novelle del Trecento

Ser Ciappelletto[1]

Ragionasi adunque che essendo Musciatto Franzesi[2] di ricchissimo e gran mercatante in Francia cavalier divenuto e dovendone in Toscana venire con messer Carlo Senzaterra[3], fratello del re di Francia, da papa Bonifazio[4] addomandato e al venir promosso, sentendo egli li fatti suoi, sì come le più volte son quegli de' mercatanti, molto intralciati in qua e in là e non potersi di leggeri né subitamente stralciare, pensò quegli commettere a più persone, e a tutti trovò modo; fuor solamente in dubbio gli rimase cui lasciar potesse sofficiente a riscuoter suoi crediti fatti a più Borgognoni. E la cagione del dubbio era il sentire li Borgognoni uomini riottosi[5] e di mala condizione e misleali;

---

1   Giovanni Boccaccio, *Decamerone*, giornata I, novella I.

2   Musciatto Franzesi, ricco mercante fiorentino che, divenuto ricchissimo, lasciò la mercatura e, fatto cavaliere, fu consigliere di Filippo IV il Bello, re di Francia dal 1285 al 1314, e di suo fratello di Carlo di Valois (1270 - 1325) quando questi, su invito di Bonifacio VIII, scese in Italia.

3   Carlo di Valois, titolare della contea omonima e capostipite della dinastia dei Valois. Fratello di Filippo IV il Bello, venne soprannominato *Senzaterra* perché non aveva un proprio regno.

4   Bonifacio VIII, al secolo Benedetto Caetani (1235 - 1303), successore di Celestino V, fu un energico sostenitore delle prerogative del ruolo papale. Durante il suo papato si scontrò con le forze che non accettavano la *libertas ecclesiae* e il suo potere universale. Impose Carlo di Valois a Firenze risolvendo a favore dei Neri le lotte interne della città.

5   Attaccabrighe, che vengono con facilità alle mani.

e a lui non andava per la memoria chi tanto malvagio uom fosse, in cui egli potesse alcuna fidanza avere, che opporre alla loro malvagità si potesse. E sopra questa esaminazione pensando lungamente stato, gli venne a memoria un ser Cepparello da Prato[6], il qual molto alla sua casa in Parigi si riparava. Il quale, per ciò che piccolo di persona era e molto assettatuzzo, non sappiendo li Franceschi[7] che si volesse dire Cepparello, credendo che cappello, cioè ghirlanda, secondo il loro volgare, a dir venisse[8], per ciò che piccolo era, come dicemmo, non Ciappello, ma Ciappelletto il chiamavano; e per Ciappelletto era conosciuto per tutto, là dove pochi per ser Cepparello il conoscìeno.

Era questo Ciappelletto di questa vita. Egli, essendo notaio, avea grandissima vergogna quando uno de' suoi strumenti, come che pochi ne facesse, fosse altro che falso trovato; de' quali tanti avrebbe fatti di quanti fosse stato richiesto, e quegli più volentieri in dono che alcuno altro grandemente salariato[9].

Testimonianze false con sommo diletto diceva, richiesto e non richiesto; e dandosi a que' tempi in Francia a' saramenti[10] grandissima fede, non curandosi fargli falsi, tante quistioni malvagiamente vincea a quante a giurare di dire il vero sopra la sua fede era chiamato.

Aveva oltre modo piacere, e forte vi studiava, in commettere tra amici e parenti e qualunque altra persona mali e inimicizie e scandali, de' quali quanto maggiori mali vedeva seguire, tanto più d'allegrezza prendea. Invitato ad un omicidio o a qualunque altra rea cosa, senza negarlo mai, volonterosamente v'andava; e più volte a fedire e ad uccidere uomini colle proprie mani si ritrovò volentieri.

---

[6]   Cepparello Dietaiuti da Prato è un personaggio realmente esistito.

[7]   Francesi.

[8]   I francesi, ci racconta il Boccaccio, pensavano che Cepparello derivasse da cappello (*chapeau, chapelet*). Nel testo si parla anche di ghirlanda in quanto nell'italiano antico cappello significa anche corona.

[9]   Amava fare carte false così tanto che preferiva fare queste gratuitamente che quelle autentiche a pagamento.

[10]   Giuramenti.

Bestemmiatore di Dio e de' santi era grandissimo, e per ogni piccola cosa, sì come colui che più che alcun altro era iracundo. A chiesa non usava giammai[11]; e i sacramenti di quella tutti, come vil cosa, con abominevoli parole scherniva; e così in contrario le taverne e gli altri disonesti luoghi visitava volentieri e usavagli. Delle femine era così vago come sono i cani de' bastoni; del contrario più che alcun altro tristo uomo si dilettava[12].

Imbolato[13] avrebbe e rubato con quella coscienza che un santo uomo offerrebbe. Gulosissimo e bevitore grande, tanto che alcuna volta sconciamente gli facea noia. Giuocatore e mettitor di malvagi dadi[14] era solenne.

Perché mi distendo io in tante parole? Egli era il piggiore uomo, forse, che mai nascesse. La cui malizia lungo tempo sostenne la potenza e lo stato di messer Musciatto, per cui molte volte e dalle private persone, alle quali assai sovente faceva ingiuria, e dalla corte, a cui tuttavia la facea, fu riguardato[15].

Venuto adunque questo ser Cepparello nell'animo a messer Musciatto, il quale ottimamente la sua vita conosceva, si pensò, il detto messer Musciatto, costui dovere essere tale quale la malvagità de' Borgognoni il richiedea; e per ciò, fattolsi chiamare, gli disse così:

– Ser Ciappelletto, come tu sai, io sono per ritrarmi del tutto di qui, e avendo tra gli altri a fare co' Borgognoni, uomini pieni d'inganni, non so cui io mi possa lasciare a riscuotere il mio da loro più convenevole di te; e perciò, con ciò sia cosa che tu niente facci al presente, ove a questo vogli intendere, io intendo di farti avere il favore della corte e di donarti quella parte di ciò che tu riscoterai che convenevole sia. –

---

11 Non si recava mai in chiesa.

12 Peccava contro natura.

13 Rubato.

14 Dadi truccati.

15 Gli fu risparmiata la pena per riguardo verso Musciatto Franzesi.

Ser Ciappelletto, che scioperato si vedea e male agiato delle cose del mondo[16], e lui ne vedeva andare che suo sostegno e ritegno era lungamente stato, senza niuno indugio e quasi da necessità costretto, si diliberò e disse che volea volentieri.

Per che, convenutisi insieme, ricevuta ser Ciappelletto la procura e le lettere favorevoli del re, partitosi messer Musciatto, n'andò in Borgogna dove quasi niuno il conoscea; e quivi, fuor di sua natura, benignamente e mansuetamente cominciò a voler riscuotere e fare quello per che andato v'era, quasi si riserbasse l'adirarsi al da sezzo[17].

E così faccendo, riparandosi in casa di due fratelli fiorentini, li quali quivi ad usura prestavano e lui per amor di messer Musciatto onoravano molto, avvenne che egli infermò[18]; al quale i due fratelli fecero prestamente venire medici e fanti[19] che il servissero e ogni cosa opportuna alla sua sanità racquistare[20]. Ma ogni aiuto era nullo, per ciò che il buono uomo, il quale già era vecchio e disordinatamente vivuto, secondo che i medici dicevano, andava di giorno in giorno di male in peggio, come colui ch'aveva il male della morte; di che li due fratelli si dolevan forte, e un giorno, assai vicini della camera nella quale ser Ciappelletto giaceva infermo, seco medesimi cominciarono a ragionare:

– Che farem noi – diceva l'uno all'altro – di costui? Noi abbiamo de' fatti suoi pessimo partito alle mani[21], per ciò che il mandarlo fuori di casa nostra così infermo ne sarebbe gran biasimo e segno manifesto di poco senno, veggendo la gente che noi l'avessimo ricevuto prima e poi fatto servire e medicare così sollecitamente, e ora, senza potere egli aver fatta cosa alcuna che dispiacere ci debba, così subitamente di casa nostra e infermo a morte vederlo mandar fuori. D'altra parte, egli

---

16   Versava in cattive condizioni, possedeva poco denaro e altri beni materiali.

17   Da ultimo, dopo aver sperimentato gli altri modi.

18   Si ammalò, divenne infermo.

19   Servitori.

20   Si adoperarono affinché potesse riacquistare la salute.

21   Per causa sua ci troviamo in una situazione critica.

è stato sì malvagio uomo che egli non si vorrà confessare né prendere alcuno sagramento della Chiesa, e morendo senza confessione niuna chiesa vorrà il suo corpo ricevere, anzi sarà gittato a' fossi a guisa d'un cane[22]; e se egli si pur confessa, i peccati suoi son tanti e sì orribili che il simigliante n'avverrà, per ciò che frate né prete ci sarà che il voglia né possa assolvere; per che, non assoluto, anche sarà gittato a' fossi. E se questo avviene, il popolo di questa terra, il quale sì per lo mestier nostro, il quale loro pare iniquissimo e tutto il giorno ne dicon male, e sì per la volontà che hanno di rubarci, veggendo ciò, si leverà a romore e griderà: «Questi Lombardi[23] cani, li quali a chiesa non sono voluti ricevere, non ci si vogliono più sostenere!» e correrannoci alle case e per avventura non solamente l'avere ci ruberanno, ma forse ci torranno oltre a ciò le persone[24]; di che noi in ogni guisa stiam male, se costui muore. –

Ser Ciappelletto, il quale, come dicemmo, presso giacea là dove costoro così ragionavano, avendo l'udire sottile[25], sì come le più volte veggiamo avere gl'infermi, udì ciò che costoro di lui dicevano; li quali egli si fece chiamare, e disse loro:

– Io non voglio che voi d'alcuna cosa di me dubitiate né abbiate paura di ricevere per me danno. Io ho inteso ciò che di me ragionato avete e son certissimo che così n'avverrebbe come voi dite, dove così andasse la bisogna come avvisate; ma ella andrà altramenti. Io ho vivendo tante ingiurie fatte a Domenedio che, per farnegli io una in su la mia morte, né più né meno ne farà. E per ciò procacciate di farmi venire un santo e valente frate, il più[26] che aver potete, se alcun ce n'è,

---

[22] A quel tempo i cadaveri di eretici, suicidi, usurai e peccatori incalliti non trovavano sepoltura in chiesa ma finivano nei fossati attorno alle città.

[23] Col termine Lombardi si indicavano gli abitanti dell'Italia settentrionale, Toscana compresa, e, per estensione, in virtù del mestiere esercitato dai più all'estero, anche i banchieri e gli usurai.

[24] Ci uccideranno.

[25] Sentendoci molto bene.

[26] Il più santo e valente.

e lasciate fare a me, ché fermamente io acconcerò i fatti vostri e i miei in maniera che starà bene e che dovrete esser contenti.–

I due fratelli, come che molta speranza non prendessono di questo[27], nondimeno se n'andarono ad una religione di frati e domandarono alcuno santo e savio uomo che udisse la confessione d'un Lombardo che in casa loro era infermo; e fu lor dato un frate antico di santa e di buona vita e gran maestro in Iscrittura e molto venerabile uomo, nel quale tutti i cittadini grandissima e spezial divozione aveano, e lui menarono[28]. Il quale, giunto nella camera dove ser Ciappelletto giacea e allato postoglisi a sedere, prima benignamente il cominciò a confortare e appresso il domandò quanto tempo era che egli altra volta confessato si fosse. Al quale ser Ciappelletto, che mai confessato non s'era, rispose:

– Padre mio, la mia usanza suole essere di confessarmi ogni settimana almeno una volta, senza che assai sono di quelle che io mi confesso più; è il vero che, poi ch'io infermai, che son passati da otto dì, io non mi confessai, tanta è stata la noia che la infermità m'ha data. –

Disse allora il frate:

– Figliuol mio, bene hai fatto, e così si vuol fare per innanzi; e veggio che, poi sì spesso ti confessi, poca fatica avrò d'udire o di domandare. –

Disse ser Ciappelletto:

– Messer lo frate, non dite così; io non mi confessai mai tante volte né sì spesso, che io sempre non mi volessi confessare generalmente di tutti i miei peccati che io mi ricordassi dal dì ch'io nacqui infino a quello che confessato mi sono; e per ciò vi priego, padre mio buono, che così puntualmente d'ogni cosa mi domandiate come se mai confessato non mi fossi; e non mi riguardate perché io infermo sia, ché io amo molto meglio di dispiacere a queste mie carni che, faccendo agio loro, io facessi cosa che potesse essere perdizione dell'anima mia, la quale il mio Salvatore ricomperò col suo prezioso sangue. –

---

[27]   Senza essere troppo convinti.

[28]   Portarono.

Queste parole piacquero molto al santo uomo e parvongli[29] argomento[30] di bene disposta mente; e poi che a ser Ciappelletto ebbe molto commendato questa sua usanza, il cominciò a domandare se egli mai in lussuria con alcuna femina peccato avesse. Al quale ser Ciappelletto sospirando rispose:

– Padre mio, di questa parte mi vergogno io di dirvene il vero, temendo di non peccare in vanagloria. –

Al quale il santo frate disse:

– Di' sicuramente, ché il vero dicendo né in confessione né in altro atto si peccò già mai. –

Disse allora ser Ciappelletto:

– Poiché voi di questo mi fate sicuro, e io il vi dirò: io son così vergine come io uscii del corpo della mamma mia. –

– O benedetto sii tu da Dio! – disse il frate – come bene hai fatto! E faccendolo hai tanto più meritato, quanto, volendo, avevi più d'arbitrio di fare il contrario che non abbiam noi e qualunque altri son quegli che sotto alcuna regola sono costretti. –

E appresso questo il domandò se nel peccato della gola aveva a Dio dispiaciuto. Al quale, sospirando forte, ser Ciappelletto rispose del[31] sì, e molte volte, per ciò che, con ciò fosse cosa che egli, oltre alli digiuni delle quaresime che nell'anno si fanno dalle divote persone, ogni settimana almeno tre dì fosse uso di digiunare in pane e in acqua, con quello diletto e con quello appetito l'acqua bevuta aveva, e spezialmente quando avesse alcuna fatica durata o adorando o andando in pellegrinaggio, che fanno i gran bevitori il vino; e molte volte aveva disiderato d'avere cotali insalatuzze d'erbucce, come le donne fanno quando vanno in villa[32]; e alcuna volta gli era paruto migliore il mangiare che non pareva a lui che dovesse parere a chi digiuna per divozione, come digiunava egli.

---

[29] Gli parvero.

[30] Indizio, segno.

[31] Di.

[32] In campagna.

Al quale il frate disse:

– Figliuol mio, questi peccati sono naturali e sono assai leggieri, e per ciò io non voglio che tu ne gravi più la coscienza tua che bisogni[33]. Ad ogni uomo addiviene, quantunque santissimo sia, il parergli, dopo lungo digiuno, buono il manicare, e, dopo la fatica, il bere. –

– Oh! – disse ser Ciappelletto – padre mio, non mi dite questo per confortarmi; ben sapete che io so che le cose che al servigio di Dio si fanno, si deono fare tutte nettamente e senza alcuna ruggine d'animo; e chiunque altramenti le fa, pecca. –

Il frate contentissimo disse:

– E io son contento che così ti cappia nell'animo[34], e piacemi forte la tua pura e buona coscienza in ciò. Ma, dimmi: in avarizia hai tu peccato, disiderando più che il convenevole o tenendo quello che tu tener non dovesti? –

Al quale ser Ciappelletto disse:

– Padre mio, io non vorrei che voi guardaste perché io sia in casa di questi usurieri: io non ci ho a far nulla[35]; anzi c'era venuto per dovergli ammonire e gastigare e torgli da questo abominevole guadagno; e credo mi sarebbe venuto fatto, se Iddio non m'avesse così visitato. Ma voi dovete sapere che mio padre mi lasciò ricco uomo, del cui avere, come egli fu morto, diedi la maggior parte per Dio; e poi, per sostentare la vita mia e per potere aiutare i poveri di Cristo, ho fatte mie piccole mercatanzìe e in quelle ho disiderato di guadagnare, e sempre co' poveri di Dio quello che ho guadagnato ho partito[36] per mezzo, l'una metà convertendo ne' miei bisogni[37], l'altra metà dando loro; e di ciò m'ha sì bene il mio Creatore aiutato che io ho sempre di bene in meglio fatti i fatti miei. –

– Bene hai fatto, – disse il frate – ma come ti se' tu spesso adirato? –

---

[33] Te ne faccia scrupolo più del dovuto.

[34] Che tu la veda così.

[35] Non ho nulla a che fare con loro.

[36] Diviso.

[37] Spendendola per procacciarmi ciò che mi abbisognava per vivere.

– Oh! – disse ser Ciappelletto – cotesto vi dico io bene che io ho molto spesso fatto. E chi se ne potrebbe tenere, veggendo tutto il dì gli uomini fare le sconce cose, non servare[38] i comandamenti di Dio, non temere i suoi giudìci? Egli sono state assai volte il dì che io vorrei più tosto essere stato morto che vivo, veggendo i giovani andare dietro alle vanità e udendogli giurare e spergiurare, andare alle taverne, non visitar le chiese e seguir più tosto le vie del mondo che quella di Dio. –

Disse allora il frate:

– Figliuol mio, cotesta è buona ira, né io per me te ne saprei penitenza imporre. Ma per alcuno caso avrebbeti l'ira potuto inducere a fare alcuno omicidio o a dire villania a persona o a fare alcun'altra ingiuria? –

A cui ser Ciappelletto rispose:

– Ohimè! Messere, o voi mi parete uomo di Dio: come dite voi coteste parole? O s'io avessi avuto pure un pensieruzzo di fare qualunque s'è l'una delle cose che voi dite, credete voi che io creda che Iddio m'avesse tanto sostenuto? Coteste son cose da farle gli scherani[39] e i rei uomini, de' quali qualunque ora io n'ho mai veduto alcuno, sempre ho detto: «Va che Iddio ti converta». –

Allora disse il frate:

– Or mi di', figliuol mio, che benedetto sii tu da Dio: hai tu mai testimonianza niuna falsa detta contro alcuno o detto mal d'altrui o tolte dell'altrui cose senza piacere di colui di cui sono? –

– Mai, messere, sì, – rispose ser Ciappelletto – che io ho detto male d'altri, per ciò che io ebbi già un mio vicino che, al maggior torto del mondo, non faceva altro che battere la moglie, sì che io dissi una volta male di lui alli parenti della moglie, sì gran pietà mi venne di quella cattivella la quale egli, ogni volta che bevuto avea troppo, conciava come Iddio vel dica. –

Disse allora il frate:

---

[38] Osservare.

[39] I masnadieri, i facinorosi.

– Or bene, tu mi di' che se' stato mercatante: ingannasti tu mai persona così come fanno i mercatanti? –

– Gnaffe[40], – disse ser Ciappelletto – messer sì, ma io non so chi egli si fu: se non che uno avendomi recati danari che egli mi dovea dare di panno che io gli avea venduto, e io messigli in una mia cassa senza annoverare[41], ivi bene ad un mese[42] trovai ch'egli erano quattro pìccioli più che essere non doveano; per che, non rivedendo colui e avendogli serbati bene uno anno per rendergliele, io gli diedi per l'amor di Dio. –

Disse il frate:

– Cotesta fu piccola cosa, e facesti bene a farne quello che ne facesti. –

E oltre a questo il domandò il santo frate di molte altre cose, delle quali di tutte rispose a questo modo. E volendo egli già procedere all'assoluzione, disse ser Ciappelletto:

– Messere, io ho ancora alcun peccato che io non v'ho detto. –

Il frate il domandò quale, ed egli disse:

– Io mi ricordo che io feci al fante mio un sabato dopo nona[43] spazzare la casa e non ebbi alla santa domenica quella reverenza che io dovea. –

– Oh! – disse il frate – figliuol mio, cotesta è legger cosa. –

– No, – disse ser Ciappelletto – non dite legger cosa, ché la domenica è troppo da onorare, però che in così fatto dì risuscitò da morte a vita il nostro Signore. –

Disse allora il frate:

– O altro hai tu fatto? –

– Messer sì, – rispose ser Ciappelletto – ché io, non avvedendomene, sputai una volta nella chiesa di Dio. –

---

[40] In fede mia.

[41] Senza contarli.

[42] Dopo un mese.

[43] Un sabato dopo l'ora nona. Il riposo festivo nelle case dei più zelanti iniziava il sabato pomeriggio.

Il frate cominciò a sorridere e disse:

– Figliuol mio, cotesta non è cosa da curarsene: noi, che siamo religiosi, tutto il dì vi sputiamo. –

Disse allora ser Ciappelletto:

– E voi fate gran villania, per ciò che niuna cosa si convien tener netta come il santo tempio, nel quale si rende sacrificio a Dio. –

E in brieve de' così fatti[44] ne gli disse molti, e ultimamente cominciò a sospirare e appresso a piagner forte, come colui che il sapeva troppo ben fare quando volea. Disse il santo frate:

– Figliuol mio, che hai tu? –

Rispose ser Ciappelletto:

– Ohimè! Messere, che un peccato m'è rimaso del quale io non mi confessai mai, sì gran vergogna ho di doverlo dire, e ogni volta ch'io me ne ricordo piango come voi vedete, e parmi essere molto certo che Iddio mai non avrà misericordia di me per questo peccato. –

Allora il santo frate disse:

– Va' via[45], figliuolo, che è ciò che tu di'? Se tutti i peccati che furon mai fatti da tutti gli uomini, o che si debbon fare da tutti gli uomini mentre che il mondo durerà, fosser tutti in uno uom solo, ed egli ne fosse pentuto e contrito come io veggio te, sì è tanta la benignità e la misericordia di Dio, che, confessandogli egli, gliele perdonerebbe liberamente; e per ciò dillo sicuramente.–

Disse allora ser Ciappelletto, sempre piagnendo forte:

– Ohimè! Padre mio, il mio è troppo gran peccato, e appena posso credere, se i vostri prieghi non ci si adoperano, che egli mi debba mai da Dio esser perdonato. –

A cui il frate disse:

– Dillo sicuramente, ché io ti prometto di pregare Iddio per te. –

Ser Ciappelletto pur piagnea e nol dicea, e il frate pure il confortava a dire. Ma poi che ser Ciappelletto piagnendo ebbe un grandis-

---

44 Di questo tipo di peccatucci.

45 Modo di dire per riprendere e contraddire l'affermazione altrui, equivale a: «Che dici mai?», «Non dir così».

simo pezzo tenuto il frate così sospeso, ed egli gittò un gran sospiro e disse:

– Padre mio, poscia che voi mi promettete di pregare Iddio per me, e io il vi dirò. Sappiate che, quando io era piccolino, io bestemmiai una volta la mamma mia. – E così detto ricominciò a piagnere forte.

Disse il frate:

– O figliuol mio, or pàrti[46] questo così gran peccato? Oh! gli uomini bestemmiano tutto il giorno Iddio, e sì perdona egli volentieri a chi si pente d'averlo bestemmiato; e tu non credi che egli perdoni a te questo? Non piagner, confortati, ché fermamente, se tu fossi stato un di quegli che il posero in croce, avendo la contrizione ch'io ti veggio, sì ti perdonerebbe egli. –

Disse allora ser Ciappelletto:

– Ohimè! Padre mio, che dite voi? La mamma mia dolce, che mi portò in corpo nove mesi il dì e la notte e portommi in collo più di cento volte! Troppo feci male a bestemmiarla e troppo è gran peccato; e se voi non pregate Iddio per me, egli non mi sarà perdonato. –

Veggendo il frate non essere altro restato a dire a ser Ciappelletto, gli fece l'assoluzione e diedegli la sua benedizione, avendolo[47] per santissimo uomo, sì come colui che pienamente credeva esser vero ciò che ser Ciappelletto avea detto. E chi sarebbe colui che nol credesse, veggendo uno uomo in caso di morte dir così? E poi, dopo tutto questo, gli disse:

– Ser Ciappelletto, con l'aiuto di Dio voi sarete tosto[48] sano; ma se pure avvenisse che Iddio la vostra benedetta e ben disposta anima chiamasse a sé, piacevi egli che il vostro corpo sia sepellito al nostro luogo[49]? –

Al quale ser Ciappelletto rispose:

---

46 Ti pare.

47 Ritenendolo.

48 Presto.

49 Nel nostro convento.

– Messer sì, anzi non vorrei io essere altrove, poscia che voi mi avete promesso di pregare Iddio per me; senza che[50] io ho avuta sempre spezial divozione al vostro ordine. E per ciò vi priego che, come voi al vostro luogo sarete, facciate che a me vegna quel veracissimo corpo di Cristo, il qual voi la mattina sopra l'altare consecrate; per ciò che, come che io degno non ne sia, io intendo colla vostra licenzia di prenderlo, e appresso la santa e ultima unzione, acciò che io, se vivuto son come peccatore, almeno muoia come cristiano. –

Il santo uomo disse che molto gli piacea e che egli dicea bene, e farebbe che di presente[51] gli sarebbe apportato; e così fu.

Li due fratelli, li quali dubitavan forte non ser Ciappelletto gl'ingannasse, s'eran posti appresso ad un tavolato, il quale la camera dove ser Ciappelletto giaceva divideva da un'altra, e ascoltando leggiermente udivano e intendevano ciò che ser Ciappelletto al frate diceva; e aveano alcuna volta sì gran voglia di ridere, udendo le cose le quali egli confessava d'aver fatte, che quasi scoppiavano, e fra sé talora dicevano:

– Che uomo è costui, il quale né vecchiezza né infermità né paura di morte alla qual si vede vicino, né ancora di Dio[52], dinanzi al giudicio del quale di qui a picciola ora s'aspetta di dovere essere, dalla sua malvagità l'hanno potuto rimuovere, né far ch'egli così non voglia morire come egli è vivuto? –

Ma pur, vedendo che sì aveva detto, che egli sarebbe a sepoltura ricevuto in chiesa, niente del rimaso si curarono[53].

Ser Ciappelletto poco appresso si comunicò, e peggiorando senza modo, ebbe l'ultima unzione; e poco passato vespro, quel dì stesso che la buona confessione fatta avea, si morì. Per la qual cosa li due fratelli,

---

[50] Senza contare poi che.

[51] Senza indugio.

[52] Neanche la paura di Dio e dei suoi castighi.

[53] Constatando che col suo parlare aveva ottenuto la sepoltura in chiesa, non si curarono d'altro.

ordinato di quello di lui medesimo[54] come egli fosse onorevolmente sepellito e mandatolo a dire al luogo de' frati, e che essi vi venissero la sera a far la vigilia secondo l'usanza e la mattina per lo corpo, ogni cosa a ciò opportuna disposero.

Il santo frate che confessato l'avea, udendo che egli era trapassato, fu insieme col priore del luogo, e fatto sonare a capitolo, alli frati ragunati in quello mostrò ser Ciappelletto essere stato santo uomo, secondo che per la sua confessione conceputo avea; e sperando per lui Domenedio dovere molti miracoli dimostrare, persuadette loro che con grandissima reverenza e divozione quello corpo si dovesse ricevere. Alla qual cosa il priore e gli altri frati, creduli, s'accordarono; e la sera, andati tutti là dove il corpo di ser Ciappelletto giaceva, sopra esso fecero una grande e solenne vigilia[55], e la mattina, tutti vestiti co' camici e co' pieviali[56], con li libri in mano e con le croci innanzi, cantando, andaron per questo corpo e con grandissima festa e solennità il recarono alla lor chiesa, seguendo quasi tutto il popolo della città, uomini e donne. E nella chiesa pòstolo, il santo frate che confessato l'avea, salito in sul pergamo, di lui cominciò e della sua vita, de' suoi digiuni, della sua virginità, della sua simplicità ed innocenza e santità, maravigliose cose a predicare, tra l'altre cose narrando quello che ser Ciappelletto per lo suo maggior peccato piagnendo gli avea confessato, e come esso appena gli avea potuto mettere nel capo che Iddio gliele dovesse perdonare, da questo volgendosi a riprendere il popolo che ascoltava, dicendo:

– E voi, maledetti da Dio, per ogni fuscello di paglia che vi si volge tra' piedi bestemmiate Iddio e la Madre e tutta la corte di paradiso! –

E oltre a queste, molte altre cose disse della sua lealtà e della sua purità, e in breve colle sue parole, alle quali era dalla gente della contrada data intera fede, sì il mise nel capo e nella divozion di tutti coloro che v'erano che, poi che fornito fu l'uficio, colla maggior

---

54   A spese di ser Ciappelletto.

55   Vegliarono e pregarono per la sua anima.

56   Abitanti della zona.

calca del mondo da tutti fu andato a baciargli i piedi e le mani, e tutti i panni gli furono indosso stracciati, tenendosi beato chi pure un poco di quegli potesse avere; e convenne che tutto il giorno così fosse tenuto, acciò che da tutti potesse essere veduto e visitato. Poi, la vegnente notte, in un'arca di marmo sepellito fu onorevolmente in una cappella, e a mano a mano il dì seguente vi cominciarono le genti ad andare e ad accender lumi e ad adorarlo, e per conseguente a botarsi[57] e ad appiccarvi le imagini della cera secondo la promession fatta[58]. E in tanto crebbe la fama della sua santità e divozione a lui, che quasi niuno era che in alcuna avversità fosse che ad altro santo che a lui si botasse, e chiamaronlo e chiamano san Ciappelletto, e affermano molti miracoli Iddio aver mostrati per lui e mostrare tutto giorno a chi divotamente si raccomanda a lui. Così adunque visse e morì ser Cepparello da Prato e santo divenne come avete udito.

---

⁵⁷ A far voti per ottenere una grazia.

⁵⁸ Portare statue votive di cera a memoria delle grazie ricevute.

<u>Melchisedech e i tre anelli</u>[59]

Il Saladino[60], il valore del quale fu tanto, che non solamente di piccolo uomo[61] il fe' di Babilonia soldano[62], ma ancora molte vittorie sopra li re saracini e cristiani gli fece avere, avendo in diverse guerre e in grandissime sue magnificenze speso tutto il suo tesoro, e per alcuno accidente sopravvenutogli bisognandogli una buona quantità di danari, né veggendo donde così prestamente come gli bisognavano avergli potesse, gli venne a memoria un ricco giudeo, il cui nome era Melchisedech, il quale prestava ad usura in Alessandria; e pensossi costui avere da poterlo servire, quando volesse, ma sì era avaro che di sua volontà non l'avrebbe mai fatto, e forza non gli voleva fare; per che, strignendolo il bisogno, rivòltosi tutto a dover trovar modo come il giudeo il servisse, s'avvisò di fargli una forza da alcuna ragion colorata[63], e fattolsi chiamare e familiarmente ricevutolo, seco il fece sedere e appresso gli disse:

– Valente uomo, io ho da più persone inteso che tu se' savissimo e nelle cose di Dio senti molto avanti[64]; e per ciò io saprei volentieri da te quale delle tre leggi tu reputi la verace, o la giudaica o la saracina o la cristiana. –

Il giudeo, il quale veramente era savio uomo, s'avvisò[65] troppo bene che il Saladino guardava di pigliarlo nelle parole per dovergli muovere alcuna quistione, e pensò non potere alcuna di queste tre più

---

[59] Giovanni Boccaccio, *Decamerone*, giornata I, novella III.

[60] Yusuf ibn Ayyub Salah al-Din (1138 - 1193), sultano d'Egitto e Siria, capostipite della dinastia degli Ayyubidi. Eroe dell'Islam per aver riconquistato Gerusalemme, la sua fama anche in occidente fu di sovrano nobile e illuminato.

[61] Boccaccio riteneva che Saladino avesse umili origini, in realtà era figlio di un alto dignitario maomettano.

[62] Sultano.

[63] Si risolse di fargli una violenza che avesse qualche apparenza di ragione.

[64] Sei molto profondo.

[65] Capì.

l'una che l'altra lodare, che il Saladino non avesse la sua intenzione[66]. Per che, come colui al qual pareva d'aver bisogno di risposta per la quale preso non potesse essere, aguzzato lo 'ngegno, gli venne prestamente avanti quello che dir dovesse, e disse:

– Signor mio, la quistione la qual voi mi fate è bella, e a volervene dire ciò che io ne sento, mi vi convien dire una novelletta, qual voi udirete. Se io non erro, io mi ricordo aver molte volte udito dire che un grande uomo e ricco fu già, il quale, intra l'altre gioie più care che nel suo tesoro avesse, era uno anello bellissimo e prezioso; al quale per lo suo valore e per la sua bellezza volendo fare onore e in perpetuo lasciarlo ne' suoi discendenti, ordinò che colui de' suoi figliuoli appo il quale, sì come lasciatogli da lui, fosse questo anello trovato, che colui s'intendesse essere il suo erede e dovesse da tutti gli altri essere come maggiore onorato e reverito. E colui al quale da costui fu lasciato tenne simigliante ordine ne' suoi discendenti, e così fece come fatto avea il suo predecessore. E in brieve andò questo anello di mano in mano a molti successori, e ultimamente pervenne alle mani ad uno il quale avea tre figliuoli belli e virtuosi e molto al padre loro obedienti, per la qual cosa tutti e tre parimente gli amava. E i giovani, li quali la consuetudine dell'anello sapevano, sì come vaghi[67] d'essere ciascuno il più onorato tra' suoi, ciascuno per sé, come meglio sapeva, pregava il padre, il quale era già vecchio, che, quando a morte venisse, a lui quello anello lasciasse. Il valente uomo, che parimente tutti gli amava, né sapeva esso medesimo eleggere a quale più tosto lasciar lo volesse, pensò, avendolo a ciascun promesso, di volergli tutti e tre sodisfare; e segretamente a un buon maestro ne fece fare due altri[68], li quali sì furono simiglianti al primiero[69], che esso medesimo che fatti gli avea fare appena conosceva qual si fosse il vero. E venendo a morte, segretamente diede il suo a ciascun de' figliuoli. Li quali, dopo la morte del

------

[66] Raggiungesse il suo scopo.

[67] Desiderosi.

[68] Ne fece fare delle copie.

[69] All'originale.

padre, volendo ciascuno l'eredità e l'onore occupare, e l'uno negandolo all'altro, in testimonianza di dover ciò ragionevolmente fare, ciascuno produsse[70] fuori il suo anello. E trovatisi gli anelli sì simili l'uno all'altro, che qual fosse il vero non si sapeva conoscere, si rimase la quistione, qual fosse il vero erede del padre, in pendente, e ancor pende. E così vi dico, signor mio, delle tre leggi alli tre popoli date da Dio padre, delle quali la quistion proponeste: ciascuno la sua eredità, la sua vera legge e i suoi comandamenti dirittamente si crede avere e fare; ma chi se l'abbia, come degli anelli, ancora ne pende la quistione. –

Il Saladino conobbe costui ottimamente essere saputo uscire del laccio[71] il quale davanti a' piedi teso gli aveva, e per ciò dispose d'aprirgli il suo bisogno[72] e vedere se servire il volesse; e così fece, aprendogli ciò che in animo avesse avuto di fare, se così discretamente, come fatto avea, non gli avesse risposto.

Il giudeo liberamente[73] d'ogni quantità[74] che il Saladino richiese il servì, e il Saladino poi interamente il soddisfece, e oltre a ciò gli donò grandissimi doni e sempre per suo amico l'ebbe e in grande e onorevole stato appresso di sé il mantenne.

---

[70] Mostrò.

[71] Dal tranello.

[72] Manifestargli la sua necessità.

[73] Di buon grado.

[74] Somma di denaro.

CHICHIBIO E LA GRU[75]

Currado Gianfigliazzi[76], sì come ciascuna di voi e udito e veduto puote avere, sempre della nostra città è stato notabile cittadino, liberale e magnifico, e vita cavalleresca tenendo, continuamente in cani e in uccelli s'è dilettato, le sue opere maggiori al presente lasciando stare. Il quale con un suo falcone avendo un dì presso a Peretola[77] una gru ammazata, trovandola grassa e giovane, quella mandò ad un suo buon cuoco, il quale era chiamato Chichibio ed era viniziano[78], e sì gli mandò dicendo che a cena l'arrostisse e governassela bene.

Chichibio, il quale come nuovo bèrgolo[79] era così pareva, acconcia[80] la gru, la mise a fuoco e con sollecitudine a cuocerla cominciò. La quale essendo già presso che cotta e grandissimo odor venendone, avvenne che una feminetta della contrada, la quale Brunetta era chiamata e di cui Chichibio era forte innamorato, entrò nella cucina, e sentendo l'odor della gru e veggendola, pregò caramente Chichibio che ne le desse una coscia. Chichibio le rispose cantando e disse:

– Voi non l'avrì da mi[81], donna Brunetta, voi non l'avrì da mi. –

Di che donna Brunetta essendo turbata, gli disse:

– In fè di Dio, se tu non la mi dài, tu non avrai mai da me cosa che ti piaccia. –

---

75 Giovanni Boccaccio, *Decamerone*, giornata VI, novella IV.

76 Currado di Vanni di Cafaggio Gianfigliazzi, membro di una nota e ricca famiglia di mercanti e banchieri fiorentini, è vissuto tra la fine del secolo XIII e la prima metà del XIV.

77 Località nei pressi di Firenze.

78 Nel definire Chichibio veneziano, Boccaccio non intende solo dare una appartenenza geografica al protagonista della novella, ma connotarlo come persona. Ciò che qui è solo suggerito, volendo far intendere che Chichibio era il tipico veneziano, più oltre è infatti meglio esplicitato con gli epiteti "vinizian bugiardo" e "nuovo bergolo".

79 Uomo leggero, sciocco, volubile, chiaccherone. Il termine deriva da *vergola*, un tipo di imbarcazione veneziana molto leggera.

80 Sistemata, preparata.

81 Voi non l'avrete da me.

E in brieve le parole furon molte; alla fine Chichibio, per non crucciar la sua donna, spiccata l'una delle cosce alla gru, gliele diede.

Essendo poi davanti a Currado e ad alcun suo forestiere messa la gru senza coscia, e Currado maravigliandosene, fece chiamare Chichibio, e domandollo che fosse divenuta l'altra coscia della gru[82].

Al quale il vinizian bugiardo subitamente rispose:

– Signor mio, le gru non hanno se non una coscia e una gamba. – Currado allora turbato disse:

– Come diavol non hanno che una coscia e una gamba? Non vidi io mai più gru che questa?

Chichibio seguitò:

– Egli è, messer, come io vi dico; e quando vi piaccia, io il vi farò veder ne' vivi. –

Currado, per amor de' forestieri che seco avea, non volle dietro alle parole andare, ma disse:

– Poi che tu di' di farmelo vedere ne' vivi, cosa che io mai più non vidi né udii dir che fosse, e io il voglio veder domattina e sarò contento; ma io ti giuro in sul corpo di Cristo che, se altramenti sarà, che io ti farò conciare in maniera che tu con tuo danno ti ricorderai, sempre che tu ci viverai, del nome mio. –

Finite adunque per quella sera le parole, la mattina seguente, come il giorno apparve, Currado, a cui non era per lo dormire l'ira cessata, tutto ancor gonfiato[83] si levò e comandò che i cavalli gli fossero menati; e fatto montar Chichibio sopra un ronzino, verso una fiumana, alla riva della quale sempre soleva in sul far del dì vedersi delle gru, nel menò[84], dicendo:

– Tosto[85] vedremo chi avrà iersera mentito, o tu o io. –

Chichibio, veggendo che ancora durava l'ira di Currado e che far gli conveniva pruova della sua bugia, non sappiendo come poterlasi

---

82 Che fine avesse fatto l'altra coscia della gru.

83 Irato, gonfio per la stizza.

84 Lo portò.

85 Adesso.

fare, cavalcava appresso a Currado con la maggior paura del mondo, e volentieri, se potuto avesse, si sarebbe fuggito; ma non potendo, ora innanzi e ora addietro e da lato si riguardava, e ciò che vedeva credeva[86] che gru fossero che stessero in due piè. Ma già vicini al fiume pervenuti, gli venner, prima che ad alcun, vedute sopra la riva di quello ben dodici gru, le quali tutte in un piè dimoravano, sì come quando dormono soglion fare. Per che egli, prestamente mostratele a Currado, disse:

– Assai bene potete, messer, vedere che iersera vi dissi il vero, che le gru non hanno se non una coscia e un piè, se voi riguardate a quelle che colà stanno. –

Currado vedendole disse:

– Aspéttati, che io ti mosterrò che elle n'hanno due! –

E fattosi alquanto più a quelle vicino gridò:

– Hohò! –

Per lo qual grido le gru, mandato l'altro piè giù, tutte dopo alquanti passi cominciarono a fuggire. Laonde Currado, rivolto a Chichibio, disse:

– Che ti par, ghiottone? Pàrti[87] ch'elle n'abbian due? –

Chichibio quasi sbigottito, non sappiendo egli stesso donde si venisse, rispose:

– Messer sì, ma voi non gridaste «hohò!» a quella di iersera; ché se così gridato aveste, ella avrebbe così l'altra coscia e l'altro piè fuor mandato, come hanno fatto queste. –

A Currado piacque tanto questa risposta, che tutta la sua ira si convertì in festa e riso, e disse:

– Chichibio, tu hai ragione: ben lo dovea fare. –

Così adunque con la sua pronta e sollazzevol risposta Chichibio cessò la mala ventura e paceficossi col suo signore.

---

[86] Dimostrava.

[87] Ti sembra.

Lidia e Pirro[88]

In Argo, antichissima città d'Acaia[89], per li suoi passati re molto più famosa che grande, fu già un nobile uomo, il quale appellato fu Nicòstrato, a cui già vicino alla vecchiezza la fortuna concedette per moglie una gran donna, non meno ardita che bella, detta per nome Lidia. Teneva costui, sì come nobile uomo e ricco, molta famiglia[90] e cani e uccelli, e grandissimo diletto prendea nelle cacce; e aveva tra gli altri suoi famigliari un giovanetto leggiadro e adorno e bello della persona e destro[91] a qualunque cosa avesse voluta fare, chiamato Pirro, il quale Nicòstrato oltre ad ogni altro amava e più di lui si fidava.

Di costui Lidia s'innamorò forte, tanto che né dì né notte in altra parte che con lui aver poteva il pensiero; del quale amore, o che Pirro non s'avvedesse o non volesse, niente mostrava se ne curasse.

Di che la donna intollerabile noia portava nell'animo; e disposta del tutto di fargliele sentire, chiamò a sé una sua cameriera nomata Lusca, della quale ella si confidava molto, e sì le disse:

– Lusca, li benefici li quali tu hai da me ricevuti ti debbono fare obediente e fedele, e per ciò guarda che quello che io al presente ti dirò niuna persona senta già mai, se non colui al quale da me ti fia[92] imposto. Come tu vedi, Lusca, io son giovane e fresca donna, e piena e copiosa di tutte quelle cose che alcuna può disiderare, e brievemente, fuor che d'una, non mi posso rammaricare; e questa è che gli anni del mio marito son troppi, se co' miei si misurano, per la qual cosa di quello che le giovani donne prendono più piacere io vivo poco contenta; e pur come l'altre disiderandolo, è buona pezza che io diliberai meco di non volere, se la fortuna m'è stata poco amica in darmi così vecchio marito, essere io nemica di me medesima in non

---

88 Giovanni Boccaccio, *Decamerone*, giornata VII, novella IX.

89 Grecia.

90 Molta servitù.

91 Bravo.

92 Sia.

saper trovar modo a' miei diletti e alla mia salute. E per avergli così compiuti in questo come nell'altre cose, ho per partito preso di volere, sì come di ciò più degno che alcun altro, che il nostro Pirro co' suoi abbracciamenti gli supplisca, e ho tanto amore in lui posto, che io non sento mai bene se non tanto quanto io il veggio o di lui penso; e se io senza indugio non mi ritruovo seco[93], per certo io me ne credo morire. E per ciò, se la mia vita t'è cara, per quel modo che miglior ti parrà, il mio amore gli significherai e sì il pregherai da mia parte che gli piaccia di venire a me quando tu per lui andrai. –

La cameriera disse che volentieri; e come prima tempo e luogo le parve, tratto Pirro da parte, quanto seppe il meglio l'ambasciata gli fece della sua donna. La qual cosa udendo Pirro, si maravigliò forte, sì come colui che mai d'alcuna cosa avveduto non s'era, e dubitò non la donna ciò facesse dirgli per tentarlo; per che subito e ruvidamente rispose:

– Lusca, io non posso credere che queste parole vengano dalla mia donna, e per ciò guarda quel che tu parli; e se pure da lei venissero, non credo che con l'animo[94] dir te le faccia; e se pur con l'animo dir le facesse, il mio signore mi fa più onore che io non vaglio[95]: io non farei a lui sì fatto oltraggio per la vita mia, e però[96] guarda che tu più di sì fatte cose non mi ragioni. –

La Lusca, non sbigottita per lo suo rigido parlare, gli disse:

– Pirro, e di queste e d'ogni altra cosa che la mia donna m'imporrà, ti parlerò io quante volte ella il mi comanderà, o piacere o noia ch'egli ti debbia essere; ma tu se' una bestia. –

E turbatetta, con le parole di Pirro se ne tornò alla donna, la quale udendole disiderò di morire; e dopo alcun giorno riparlò alla cameriera e disse:

---

[93] Con lui.

[94] Col cuore, sinceramente.

[95] Mi tiene in considerazione più di quanto io non meriti.

[96] Perciò.

– Lusca, tu sai che per lo primo colpo non cade la quercia; per
che a me pare che tu da capo ritorni a colui che in mio pregiudicio
nuovamente[97] vuol divenir leale, e, prendendo tempo convenevole,
gli mostra interamente il mio ardore e in tutto t'ingegna di far che la
cosa abbia effetto, però che, se così s'intralasciasse, io ne morrei ed
egli si crederebbe esser stato beffato; e dove il suo amor cerchiamo,
ne seguirebbe odio. –

La cameriera confortò la donna, e cercato di Pirro, il trovò lieto e
ben disposto, e sì gli disse:

– Pirro, io ti mostrai, pochi dì sono, in quanto fuoco la tua donna e
mia stea per l'amor che ella ti porta, e ora da capo te ne rifò certo, che,
dove tu in su la durezza che l'altrieri dimostrasti dimori, vivi sicuro
che ella viverà poco; per che io ti priego che ti piaccia di consolarla
del suo disiderio; e dove tu pure in su la tua ostinazione stessi duro,
là dove io per molto savio t'aveva, io t'avrò per uno scioccone. Che
gloria ti può egli esser maggiore che una così fatta donna, così bella,
così gentile, te sopra ogni altra cosa ami? Appresso questo, quanto
ti puo' tu conoscere alla fortuna obligato, pensando che ella t'abbia
parata dinanzi così fatta cosa e a' disidéri della tua giovinezza atta, e
ancora un così fatto rifugio a' tuoi bisogni! Qual tuo pari conosci tu
che per via di diletto meglio stea che starai tu, se tu sarai savio? Quale
altro troverai tu che in arme, in cavalli, in robe e in denari possa star
come tu starai, volendo il tuo amor concedere a costei? Apri adunque
l'animo alle mie parole e in te ritorna; e ricordati che una volta senza
più[98] suole avvenire che la fortuna si fa altrui incontro col viso lieto e
col grembo aperto; la quale chi allora non sa ricevere, poi, trovandosi
povero e mendico, di sé e non di lei s'ha a rammaricare. E oltre a
questo, non si vuol quella lealtà tra servidori usare e signori, che tra
gli amici e pari si conviene; anzi gli deono così i servidori trattare, in
quel che possono, come essi da loro trattati sono. Speri tu, se tu avessi
o bella moglie o madre o figliuola o sorella che a Nicòstrato piacesse,

---

[97] Stranamente, in modo singolare.

[98] Una sola volta, una volta e non più.

che egli andasse la lealtà ritrovando che tu servar vuoi a lui della sua donna? Sciocco se' se tu il credi: abbi di certo che, se le lusinghe e i prieghi non bastassono, che che ne dovesse a te parere, el vi si adoperrebbe la forza. Trattiamo adunque loro e le lor cose come essi noi e le nostre trattano; usa il beneficio della fortuna, non la cacciare; falleti incontro e lei vegnente ricevi, ché per certo, se tu nol fai, lasciamo star la morte la qual senza fallo alla tua donna ne seguirà, ma tu ancora te ne penterai tante volte, che tu ne vorrai morire. –

Pirro, il qual più fiate[99] sopra le parole che la Lusca dette gli avea, avea ripensato, per partito avea preso che, se ella più a lui ritornasse, di fare altra risposta e del tutto recarsi a compiacere alla donna, dove certificar si potesse che tentato non fosse[100]; e per ciò rispose:

– Vedi, Lusca, tutte le cose che tu mi di' io le conosco vere, ma io conosco d'altra parte il mio signore molto savio e molto avveduto, e ponendomi tutti i suoi fatti in mano[101], io temo forte che Lidia con consiglio e voler di lui questo non faccia per dovermi tentare; e per ciò, dove tre cose ch'io domanderò voglia fare a chiarezza di me[102], per certo niuna cosa mi comanderà poi che io prestamente non faccia. E quelle tre cose che io voglio son queste: primieramente, che in presenza di Nicòstrato ella uccida il suo buono sparviere; appresso, ch'ella mi mandi una ciocchetta della barba di Nicòstrato, e ultimamente, un dente di quegli di lui medesimo, de' migliori. –

Queste cose parvono alla Lusca gravi e alla donna gravissime; ma pure Amore, che è buon confortatore e gran maestro di consigli, le fece diliberar di farlo, e per la sua cameriera gli mandò dicendo che quello che egli aveva addomandato pienamente farebbe, e tosto[103]; e oltre a ciò, per ciò che egli così savio reputava Nicòstrato, disse che

---

[99] Volte.

[100] Che non fosse un tranello.

[101] Avendomi affidato la cura di tutti i suoi affari.

[102] Per assicurarmi che non è una trappola.

[103] Presto.

in presenzia di lui con Pirro si sollazzerebbe e a Nicòstrato farebbe credere che ciò non fosse vero.

Pirro adunque cominciò ad aspettare quello che far dovesse la gentil donna; la quale, avendo ivi a pochi dì Nicòstrato dato un gran desinare, sì come usava spesse volte di fare, a certi gentili uomini, ed essendo già levate le tavole, vestita d'uno sciamito[104] verde e ornata molto, e uscita della sua camera, in quella sala venne dove costoro erano, e veggente[105] Pirro e ciascuno altro, se n'andò alla stanga sopra la quale lo sparviere era cotanto da Nicòstrato tenuto caro, e scioltolo, quasi in mano sel volesse levare, e presolo per li geti[106], al muro il percosse e ucciselo. E gridando verso lei Nicòstrato:

– Ohimè! donna, che hai tu fatto? – niente a lui rispose, ma, rivolta a' gentili uomini che con lui avevan mangiato, disse:

– Signori, mal prenderei vendetta d'un re che mi facesse dispetto, se d'uno sparvier non avessi ardir di pigliarla. Voi dovete sapere che questo uccello tutto il tempo da dover essere prestato dagli uomini al piacer delle donne lungamente m'ha tolto, per ciò che, sì come l'aurora suole apparire, così Nicòstrato s'è levato, e salito a cavallo, col suo sparviere in mano n'è andato alle pianure aperte a vederlo volare; e io, qual voi mi vedete, sola e mal contenta nel letto mi sono rimasa; per la qual cosa ho più volte avuta voglia di far ciò che io ho ora fatto, né altra cagione m'ha di ciò ritenuta se non l'aspettar di farlo in presenza d'uomini che giusti giudici sieno alla mia querela, sì come io credo che voi sarete. –

I gentili uomini che l'udivano, credendo non altramente esser fatta la sua affezione a Nicòstrato che sonasser le parole, ridendo ciascuno e verso Nicòstrato rivolti, che turbato era, cominciarono a dire:

– Deh! come la donna ha ben fatto a vendicare la sua ingiuria con la morte dello sparviere! – e con diversi motti sopra così fatta materia,

---

104 Drappo.

105 Mentre la vedeva.

106 Cinghie di cuoio che si usano come legame alle zampe degli uccelli rapaci.

essendosi già la donna in camera ritornata, in riso rivolsero il cruccio di Nicòstrato.

Pirro, veduto questo, seco medesimo disse:

– Alti princìpi ha dati la donna a' miei felici amori; faccia Iddio che ella perseveri! –

Ucciso adunque da Lidia lo sparviere, non trapassar molti giorni che, essendo ella nella sua camera insieme con Nicòstrato, faccendogli carezze, con lui cominciò a cianciare, ed egli per sollazzo alquanto tiratala per li capelli, le die' cagione di mandare ad effetto la seconda cosa a lei domandata da Pirro; e prestamente lui per un picciolo lucignoletto[107] preso della sua barba, e ridendo, sì forte il tirò che tutto dal mento glielo divelse. Di che ramaricandosi Nicòstrato, ella disse:

– Or che avesti, che fai cotal viso per ciò che io t'ho tratti forse sei peli della barba? Tu non sentivi quel ch'io, quando tu mi tiravi testeso[108] i capelli! –

E così d'una parola in un'altra continuando il lor sollazzo, la donna cautamente guardò la ciocca della barba che tratta gli avea, e il dì medesimo la mandò al suo caro amante.

Della terza cosa entrò la donna in più pensiero; ma pur, sì come quella che era d'alto ingegno e Amor la faceva vie più[109], s'ebbe pensato che modo tener dovesse a darle compimento. E avendo Nicòstrato due fanciulli datigli da' padri loro acciò che in casa sua, per ciò che gentili uomini erano, apparassono alcun costume[110], de' quali, quando Nicòstrato mangiava, l'uno gli tagliava innanzi[111] e l'altro gli dava bere, fattigli chiamare amenduni[112], fece lor vedere[113] che

---

[107] Ciocca.

[108] Testé, poco fa.

[109] Sempre più.

[110] Imparassero le buone maniere che si addicono ai gentiluomini.

[111] Gli tagliava il cibo sul tagliere.

[112] Ambedue, entrambi.

[113] Gli fece credere.

la bocca putiva[114] loro e ammaestrogli che, quando a Nicòstrato servissono, tirassono il capo indietro il più che potessono, né questo mai dicessero a persona. I giovanetti, credendole, cominciarono a tenere quella maniera che la donna aveva lor mostrata. Per che ella una volta domandò Nicòstrato:

– Se' ti tu accorto di ciò che questi fanciulli fanno quando ti servono? –

Disse Nicòstrato:

– Mai sì, anzi gli ho io voluti domandare perché il facciano. –

A cui la donna disse:

– Non fare, ché io il ti so dire io, ed holti buona pezza taciuto per non fartene noia; ma ora che io m'accorgo che altri comincia ad avvedersene, non è più da celàrloti[115]. Questo non t'avvien per altro se non che la bocca ti pute fieramente, e non so qual si sia la cagione, per ciò che ciò non soleva essere; e questa è bruttissima cosa, avendo tu ad usare[116] co' gentili uomini, e per ciò si vorrebbe veder modo di curarla. –

Disse allora Nicostrato:

– Che potrebbe ciò essere? Avrei io in bocca dente niun guasto?[117] –

A cui Lidia disse:

– Forse che sì. – E menatolo ad una finestra, gli fece aprire la bocca, e poscia che ella ebbe d'una parte e d'altra riguardato, disse:

– O Nicòstrato, e come il puoi tu tanto aver patito? Tu n'hai uno da questa parte il quale, per quello che mi paia, non solamente è magagnato, ma egli è tutto fracido, e fermamente, se tu il terrai guari[118] in bocca, egli guasterà quegli che son da lato; per che io ti consiglierei che tu nel cacciassi fuori prima che l'opera andasse più innanzi. –

Disse allora Nicòstrato:

---

[114] Puzzava, avevano l'alito cattivo.

[115] Nascondertelo.

[116] Frequentando.

[117] Qualche dente guasto.

[118] Molto.

– Da poi che egli ti pare, ed egli mi piace[119]; mandisi senza più indugio per un maestro il qual mel tragga. –

Al quale la donna disse:

– Non piaccia a Dio che qui per questo venga maestro; el mi pare che egli stea in maniera che senza alcun maestro io medesima tel trarrò ottimamente. E d'altra parte, questi maestri son sì crudeli a far questi servigi, che il cuore nol mi patirebbe per niuna maniera di vederti o di sentirti tra le mani a niuno; e per ciò del tutto io voglio fare io medesima, ché almeno, se egli ti dorrà troppo, ti lascerò io incontanente[120], quello che il maestro non farebbe. –

Fattisi adunque venire i ferri da tal servigio e mandato fuori della camera ogni persona, solamente seco la Lusca ritenne; e dentro serratesi, fecero distender Nicòstrato sopra un desco[121], e messegli le tenaglie in bocca e preso uno de' denti suoi, quantunque egli forte per dolor gridasse, tenuto fermamente dall'una, fu dall'altra per viva forza un dente tirato fuori, e quel serbatosi, e presone un altro il quale sconciamente magagnato Lidia aveva in mano, a lui doloroso e quasi mezzo morto il mostrarono, dicendo:

– Vedi quello che tu hai tenuto in bocca già è cotanto. –

Egli credendolsi, quantunque gravissima pena sostenuta avesse e molto se ne ramaricasse, pur, poi che fuor n'era, gli parve esser guarito, e con una cosa e con altra riconfortato, essendo la pena alleviata, s'uscì della camera.

La donna, preso il dente, tantosto al suo amante il mandò; il quale, già certo del suo amore, sé ad ogni suo piacere offerse apparecchiato. La donna, disiderosa di farlo più sicuro, e parendole ancora ogni ora mille che con lui fosse, volendo quello che profferto gli avea attenergli, fatto sembiante d'essere inferma ed essendo un dì appresso mangiare da Nicòstrato visitata, non veggendo con lui altri che Pirro, il pregò, per alleggiamento della sua noia, che aiutar la dovessero ad

---

119 E io approvo, sono d'accordo.

120 Immediatamente.

121 Tavolo.

andare infino nel giardino. Per che Nicòstrato dall'un de' lati e Pirro dall'altro presala, nel giardin la portarono e in un pratello a piè d'un bel pero la posarono; dove stati alquanto sedendosi, disse la donna, che già avea fatto informar Pirro di ciò che avesse a fare:

– Pirro, io ho gran disiderio d'avere di quelle pere, e però mòntavi suso e gittane giù alquante. –

Pirro, prestamente salitovi, cominciò a gittar giù delle pere, e mentre le gittava cominciò a dire:

– Eh, messere, che è ciò che voi fate? E voi, madonna, come non vi vergognate di sofferirlo in mia presenza? Credete voi che io sia cieco? Voi eravate pur testé così forte malata; come siete voi sì tosto guerita che voi facciate tai cose? Le quali se pur far volete, voi avete tante belle camere; perché non in alcuna di quelle a far queste cose ve n'andate? E sarà più onesto che farlo in mia presenza. –

La donna, rivolta al marito, disse:

– Che dice Pirro? Farnetica egli? –

Disse allora Pirro:

– Non farnetico no, madonna; non credete voi che io veggia? –

Nicòstrato si maravigliava forte, e disse:

– Pirro, veramente io credo che tu sogni. –

Al quale Pirro rispose:

– Signor mio, non sogno né mica, né voi anche non sognate; anzi vi dimenate ben sì, che, se così si dimenasse questo pero, egli non ce ne rimarrebbe su niuna. –

Disse la donna allora:

– Che può questo essere? Potrebbe egli esser vero che gli paresse vero ciò che dice? Se Iddio mi salvi, se io fossi sana come io fui già, che io vi sarrei suso[122], per vedere che maraviglie sieno queste che costui dice che vede. –

Pirro d'in sul pero pur diceva, e continuava queste novelle; al quale Nicòstrato disse:

– Scendi giù. –

____

[122] Salirei sopra.

Ed egli scese; a cui egli disse:

– Che di' tu che vedi? –

Disse Pirro:

– Io credo che voi m'abbiate per smemorato o per trasognato; vedeva voi addosso alla donna vostra, poi pur dir mel conviene; e poi discendendo io vi vidi levare e porvi così, dove voi siete, a sedere. –

– Fermamente, – disse Nicòstrato – eri tu in questo smemorato, ché noi non ci siamo, poi che in sul pero salisti, punto mossi, se non come tu vedi. –

Al quale Pirro disse:

– Perché ne facciam noi quistione? Io vi pur vidi; e se io vi vidi, io vi vidi in sul vostro. –

Nicòstrato più ognora si maravigliava, tanto che egli disse:

– Ben vo' vedere se questo pero è incantato, e che chi v'è su veggia le maraviglie! – E montovvi su; sopra il quale come egli fu, la donna insieme con Pirro s'incominciarono a sollazzare. Il che Nicòstrato veggendo, cominciò a gridare:

– Ahi! rea femina, che è quel che tu fai? E tu, Pirro, di cui io più mi fidava? – e così dicendo cominciò a scendere del pero.

La donna e Pirro dicevano:

– Noi ci seggiamo – e lui veggendo discendere, a seder si tornarono in quella guisa[123] che lasciati gli avea. Come Nicòstrato fu giù e vide costoro dove lasciati gli avea, così lor cominciò a dir villania. Al quale Pirro disse:

– Nicòstrato, ora veramente confesso io che, come voi dicevate davanti, che io falsamente vedessi mentre fui sopra il pero; né ad altro il conosco se non a questo, che io veggio e so che voi falsamente avete veduto. E che io dica il vero, niuna altra cosa vel mostri se non l'aver riguardo e pensare, a che ora[124] la vostra donna, la quale è onestissima e più savia che altra, volendo di tal cosa farvi oltraggio, si recherebbe a farlo davanti agli occhi vostri; di me non vo' dire, che mi lascerei

---

123 Nel modo.

124 Quando mai.

prima squartare che io il pur pensassi, non che io il venissi a fare in vostra presenza. Per che di certo la magagna[125] di questo transvedere dée procedere dal pero; per ciò che tutto il mondo non m'avrebbe fatto discredere che voi qui non foste con la vostra donna carnalmente giaciuto, se io non udissi dire a voi che egli vi fosse paruto che io facessi quello che io so certissimamente che io non pensai, non che io facessi mai. –

La donna appresso, che quasi, tutta turbata, s'era levata in piè, cominciò a dire:

– Sia con la mala ventura, se tu m'hai per sì poco sentita, che, se io volessi attendere a queste tristezze che tu di' che vedevi, io le venissi a fare dinanzi agli occhi tuoi. Sii certo di questo, che, qualora volontà me ne venisse, io non verrei qui, anzi mi crederei sapere essere in una delle nostre camere, in guisa e in maniera che gran cosa mi parrebbe che tu il risapessi già mai. –

Nicòstrato, al quale vero parea ciò che dicea l'uno e l'altro, che essi quivi dinanzi a lui mai a tale atto non si dovessero esser condotti, lasciate stare le parole e le riprensioni di tal maniera, cominciò a ragionare della novità del fatto e del miracolo della vista che così si cambiava a chi sù vi montava. Ma la donna, che dell'oppinione che Nicòstrato mostrava d'avere avuta di lei si mostrava turbata, disse:

– Veramente questo pero non ne farà mai più niuna, né a me né ad altra donna, di queste vergogne, se io potrò; e per ciò, Pirro, corri e va' e reca una scure, e ad una ora te e me vendica tagliandolo, come che molto meglio sarebbe a dar con essa in capo a Nicòstrato, il quale, senza considerazione alcuna, così tosto si lasciò abbagliar gli occhi dello 'ntelletto; ché, quantunque a quegli che tu hai in testa paresse ciò che tu di', per niuna cosa dovevi nel giudicio della tua mente comprendere o consentire che ciò fosse. –

Pirro prestissimo andò per la scure e tagliò il pero, il quale come la donna vide caduto, disse verso Nicòstrato:

---

125 Il vizio, il difetto.

– Poscia che io veggio abbattuto il nemico della mia onestà, la mia ira è ita via[126]. – E a Nicòstrato, che di ciò la pregava, benignamente perdonò, imponendogli che più non gli avvenisse di presummere, di colei che più che sé l'amava, una così fatta cosa già mai.

Così il misero marito schernito, con lei insieme e col suo amante, nel palagio se ne tornarono, nel quale poi molte volte Pirro di Lidia, ed ella di lui, con più agio presero piacere e diletto. Iddio ce ne déa a noi.

---

126 Adesso che vedo abbattuto il nemico della mia onestà, la mia ira è passata.

IL MUGNAIO E L'ABATE[127]

Messer Bernabò[128] signore di Melano, essendo trafitto[129] da un mugnaio con belle ragioni, gli fece dono di grandissimo benefizio. Questo signore ne' suoi tempi fu ridottato[130] da più che altro signore; e comeché fusse crudele, pure nelle sue crudeltà avea gran parte di iustizia[131].

Fra molti de' casi che gli avvennono, fu questo: che uno ricco abate, avendo commesso alcuna cosa di negligenza di non avere ben notricato[132] due cani alani, che erano diventati stizzosi[133] (ed erano del detto signore), gli disse che pagasse fiorini quattromila. Di che l'abate cominciò a domandare misericordia. E 'l detto signore, veggendolo addomandare misericordia, gli disse:

– Se tu mi fai chiaro di quattro cose, io ti perdonerò in tutto; e le cose son queste, che io voglio che tu mi dica: quanto ha di qui al cielo; quant'acqua è in mare; quello che si fa in inferno; e quello che la mia persona vale. –

Lo abate, ciò udendo, cominciò a sospirare, e parvegli essere a peggior partito che prima; ma pur, per cessar[134] furore e avanzar[135] tempo,

---

[127] Franco Sacchetti, *Trecentonovelle*, novella IV.

[128] Bernabò Visconti (1323 - 1385) fu, con i fratelli Matteo e Galeazzo, signore di Milano dal 1354. Dei Visconti che segnarono le sorti di Milano in epoca medievale, Bernabò fu certo il più temibile e le cronache del tempo sono ricche di episodi che testimoniano la sua crudeltà e spietatezza. Alla tirannia di Bernabò porrà fine, nel 1385, il nipote Gian Galeazzo, che lo farà rinchiudere nella torre del castello di Trezzo, dove morirà avvelenato nel dicembre di quell'anno.

[129] Colpito.

[130] Temuto.

[131] Nonostante fosse crudele era giusto.

[132] Nutrito.

[133] Affetti da stizza, scabbia.

[134] Far cessare, allontanare.

[135] Guadagnare.

disse che gli piacesse dargli termine a rispondere a sì alte[136] cose. E 'l signor gli diede termine[137] tutto il dí sequente; e come vago[138] d'udire il fine di tanto fatto, gli fece dare sicurtà[139] del tornare.

L'abate, pensoso, con gran malenconia, tornò alla badìa, soffiando come un cavallo quando aombra; e giunto là, scontrò un suo mugnaio, il quale, veggendolo così afflitto, disse:

– Signor mio, che avete voi che voi soffiate così forte? –

Rispose l'abate:

– Io ho ben di che, ché 'l signore è per darmi la mala ventura, se io non lo fo chiaro di quattro cose, che Salamone[140] né Aristotile non lo potrebbe fare. –

Il mugnaio dice:

– E che cose son queste? –

L'abate gli lo disse.

Allora il mugnaio, pensando, dice all'abate:

– Io vi caverò di questa fatica, se voi volete. –

Dice l'abate:

– Dio il volesse. –

Dice il mugnaio:

– Io credo che 'l vorrà Dio e' santi. –

L'abate, che non sapea dove si fosse[141], disse:

– Se tu il fai, togli da me ciò che tu vuogli, ché niuna cosa mi domanderai, che possibil mi sia, che io non ti dia. –

Disse il mugnaio:

– Io lascerò questo nella vostra discrizione. –

– O che modo terrai? – disse l'abate.

Allora rispose il mugnaio:

---

136 Difficili.

137 Come scadenza.

138 Desideroso.

139 Garanzia.

140 Salomone.

141 Era confuso.

– Io mi voglio vestir la tonica e la cappa vostra, e raderommi la barba, e domattina ben per tempo anderò dinanzi a lui, dicendo che io sia l'abate: e le quattro cose terminerò in forma[142] ch'io credo farlo contento. –

All'abate parve mill'anni di sostituire il mugnaio in suo luogo; e così fu fatto.

Fatto il mugnaio abate, la mattina di buon'ora si mise in cammino; e giunto alla porta, là dove entro[143] il signor dimorava, picchiò, dicendo che tale abate[144] voleva rispondere al signore sopra certe cose che gli avea imposte.

Lo signore, volonteroso di udire quello che lo abate dovea dire, e maravigliandosi come sì presto tornasse, lo fece a sé chiamare: e giunto dinanzi da lui un poco al barlume[145], facendo reverenza,

---

[142] In maniera.

[143] Nel luogo dove.

[144] L'abate tal dei tali.

[145] Nel punto dove la stanza era più buia.

occupando spesso il viso con la mano per non esser conosciuto, fu domandato dal signore se avea recato risposta delle quattro cose che l'avea addomandato.

Rispose:

– Signor sì. Voi mi domandaste: quanto ha di qui al cielo. Veduto appunto ogni cosa, egli è di qui lassù trentasei milioni e ottocento cinquantaquattro mila e settantadue miglia e mezzo e ventidue passi. –

Dice il signore:

– Tu l'hai veduto molto appunto; come provi tu questo? –

Rispose:

– Fatelo misurare, e se non è così, impiccatemi per la gola. Secondamente domandaste: quant'acqua è in mare. Questo m'è stato molto forte[146] a vedere, perché è cosa che non sta ferma, e sempre ve n'entra; ma pure io ho veduto che nel mare sono venticinque milia e novecento ottantadue di milioni di cogna[147] e sette barili e dodici boccali e due bicchieri. –

Disse il signore:

– Come 'l sai? –

Rispose:

– Io l'ho veduto[148] il meglio che ho saputo: se non lo credete, fate trovar de' barili, e misurisi; se non trovate essere così, fatemi squartare. Il terzo mi domandaste quello che si facea in inferno. In inferno si taglia, squarta, arraffia[149] e impicca, né più né meno come fate qui voi. –

– Che ragione rendi tu di questo? –

Rispose:

– Io favellai già con uno che vi era stato, e da costui ebbe Dante fiorentino ciò che scrisse delle cose dell'inferno; ma egli è morto: se

---

146 Molto difficile.

147 Un cogno valeva 12 barili.

148 Esaminato, misurato.

149 Arraffa, pigliare coi raffi o uncini.

voi non lo credete, mandatelo a vedere. Quarto mi domandaste quello che la vostra persona vale; ed io dico ch'ella vale ventinove danari. –

Quando Messer Bernabò udì questo, tutto furioso si volge a costui, dicendo:

– Mo ti nasca il vermocan[150]; sono io così dappoco ch'io non vaglia più d'una pignatta? –

Rispose costui, e non sanza gran paura:

– Signor mio, udite la ragione: voi sapete che 'l nostro Signore Jesù Cristo fu venduto trenta danari; fo ragione che valete un danaro meno di lui. –

Udendo questo il signore, immaginò troppo bene che costui non fosse l'abate, e guardandolo ben fiso, avvisando lui esser troppo maggiore uomo di scienza che l'abate non era, disse:

– Tu non se' l'abate. –

La paura che 'l mugnaio ebbe ciascuno il pensi; inginocchiandosi con le mani giunte, addomandò misericordia, dicendo al signore come egli era mulinaro dell'abate, e come e perché camuffato dinanzi dalla sua signoria era condotto, e in che forma avea preso l'abito, e questo più per dargli piacere che per malizia.

Messer Bernabò, udendo costui, disse:

– Mo via, poi ch'ello t'ha fatto abate, e se' da più di lui[151], in fé di Dio, ed io ti voglio confirmare, e voglio che da qui innanzi tu sia l'abate, ed ello sia il mulinaro, e che tu abbia tutta la rendita del monasterio, ed ello abbia quella del mulino. –

E così fece ottenere[152] tutto il tempo che visse, che l'abate fu mugnaio e 'l mugnaio fu abate.

---

[150] Vermocane, una specie di vertigine o pazzia propria di alcuni animali, detta così perché si credeva dipendesse da un verme che li pungeva al cervello.

[151] E vali più di lui.

[152] Tenere, confermare.

La coda del lupo[153]

Nella città di Firenze fu già un Piero Brandani[154] cittadino, che sempre il tempo suo consumò in piatire[155]. Avea un suo figliuolo d'etade di diciotto anni, e dovendo fra l'altre una mattina andare al palagio del Podestà per opporre a un piato[156], e avendo dato a questo suo figliuolo certe carte, e che andasse innanzi con esse, e aspettasselo da lato della Badia di Firenze[157]; il quale, ubbidendo al padre, come detto gli avea, andò nel detto luogo, e là con le carte si mise ad aspettare il padre, e questo fu del mese di maggio.

Avvenne che, aspettando il garzone, cominciò a piovere una grandissima acqua; e passando una forese[158], o trecca[159], con un paniere di ciriege in capo, il detto paniere cadde; del che le ciriege s'andarono spargendo per tutta la via; il rigagnolo della qual via ognora che piove cresce che pare un fiumicello. Il garzone volonteroso, come sono, con altri insieme, alla ruffa alla raffa[160] si dierono a ricogliere delle dette ciriege, e infino nel rigagnolo dell'acqua correano per esse.

Avvenne che, quando le ciriege furono consumate, il garzone, tornando al luogo suo, non si trovò le carte sotto il braccio, perocché gli erano cadute nella dett'acqua, la quale tostamente[161] l'avea condotte verso Arno, ed elli di ciò non s'era avveduto; e correndo or giù, or su,

---

[153] Franco Sacchetti, *Trecentonovelle*, novella XVII.

[154] Pietro Brandani, persona molto in vista a Firenze, nel 1300 fu gonfaloniere di giustizia della città.

[155] Litigare, contendere in giudizio.

[156] Rispondere a una querela.

[157] La chiesa di Santo Stefano, che è sita molto vicino al palazzo del Podestà.

[158] Una contadina.

[159] Voce spregiativa per indicare una venditrice di erbaggi e frutta.

[160] Confusione di persone che si accalcano per afferrare in maniera concitata.

[161] Subito, velocemente.

domanda qua, domanda là, elle furono parole[162], ché le carte navicavano già verso Pisa.

Rimaso il garzone assai doloroso, pensò di dileguarsi per paura del padre: e la prima giornata, dove li più disviati o fuggitivi di Firenze sogliono fare, fu a Prato[163]; e giunse ad uno albergo, là dove dopo il tramontare del sole arrivarono certi mercatanti, non per istare la sera quivi, ma per acquistare più oltre il cammino verso il ponte Agliana. Vedendo questi mercatanti stare questo garzone molto tapino[164], domandarono quello ch'egli avea e donde era: risposto alla domanda, dissono se volea stare e andare con loro.

Al garzone parve mill'anni[165], e misonsi in cammino, e giunsono a due ore di notte al pont'Agliana; e picchiando a uno albergo, l'albergatore, che era ito a dormire, si fece alla finestra:

– Chi è là? –

– Aprici, ché vogliamo albergare. –

L'albergatore rampognando[166] disse:

– O, non sapete voi che questo paese è tutto pieno di malandrini? Io mi fo gran maraviglia che non siete stati presi. –

E l'albergatore dicea il vero, ché una gran brigata di sbanditi[167] tormentavano quel paese.

Pregarono tanto che l'albergatore aperse; ed entrati dentro e governati li cavalli, dissono che voleano cenare; e l'oste disse:

– Io non ci ho boccone di pane. –

Risposono i mercatanti:

– O come facciamo? –

Disse l'oste:

---

162 Le sue domande furono vane, non portarono alcun risultato.

163 Il primo giorno si recò a Prato, meta tipica di chi fuggiva da Firenze.

164 Infelice, misero.

165 Non gli parve vero, accettò la proposta con entusiasmo.

166 Borbottando.

167 Colpiti da bando, sbanditi.

– Io non ci veggio se non un modo: che questo vostro garzone si
metta qualche straccio indosso, sì che paia gaglioffo, e vada quassù
da questa piaggia[168], dove troverrà una chiesa: chiami ser Cione, che
è là prete, e da mia parte dica mi presti diciannove pani; questo dico
perché, se questi che fanno questi mali troveranno un garzoncello
malvestito, non gli diranno alcuna cosa. –

Mostrato la via al garzone, v'andò malvolentieri, perocché era di
notte, e mal si vedea. Pauroso, come si dee credere, si mosse, andan-
dosi avviluppando or qua or là, sanza trovare questa chiesa mai; ed
essendo intrato in uno boschetto, ebbe veduto dall'una parte un poco
d'albore, che dava in uno muro. Avvisossi d'andare verso quello, credendo fosse la chiesa; e giunto là su una grande aia, s'avvisò quella
essere la piazza; e 'l vero era che quella era casa di lavoratore: andossene là, e cominciò a bussare l'uscio.

Il lavoratore, sentendo, grida:

– Chi è là? –

E 'l garzone dice:

– Apritemi, ser Cione, ché il tal oste del ponte Agliana mi manda
a voi, che gli prestiate diciannove pani. –

Dice il lavoratore:

– Che pani? ladroncello che tu se', che vai appostando[169] per cotesti malandrini. Se io esco fuori, io te ne manderò preso[170] a Pistoia, e
farotti[171] impiccare. –

Il garzone, udendo questo, non sapea che si fare; e stando così fuor
di sé, e volgendosi se vedesse via che 'l potesse conducere a migliore
porto, sentì urlare un lupo ivi presso alla proda[172] del bosco, e, guar-
dandosi attorno, vide su l'aia una botte dall'uno de' lati, tutta sfondata

---

[168] Salita.

[169] Indagando.

[170] Ti manderò prigioniero, ti farò arrestare.

[171] Ti farò.

[172] Margine.

di sopra, ed era ritta; alla quale subito ricorse, ed entrovvi dentro, aspettando con gran paura quello che la fortuna di lui disponesse.

E così stando, ecco quello lupo, come quello che era forse per la vecchiezza stizzoso[173]; e accostandosi alla botte, a quella si cominciò a grattare; e così fregandosi, alzando la coda, la detta coda entrò per lo cocchiume[174]. Come il garzone sentì toccarsi dentro con la coda, ebbe gran paura; ma pur veggendo quello che era, per la gran temenza[175] si mise a pigliar la coda, e di non lasciarla mai giusto il suo podere si dispuose[176], insino a tanto che vedesse quello che dovesse essere di lui.

Il lupo, sentendosi preso per la coda, cominciò a tirare: il garzone tien forte, e tira anco elli; e così ciascuno tirando, e la botte cadde e cominciossi a voltolare. Il garzone tien forte, e lo lupo tira; e quanto più tirava, più colpi gli dava la botte addosso. Questo voltamento durò ben due ore; e tanto e con tante percosse dando la botte addosso al lupo, che 'l lupo si morì. E non fu però che 'l giovane non rimanesse mezzo lacero; ma pur la fortuna l'aiutò, chè quanto più avea tenuto

---

173 Scabbioso. La scabbia è una malattia cutanea pruriginosa prodotta da un acaro che si annida nella pelle.

174 Grosso buco della botte attraverso il quale questa viene riempita.

175 Timore.

176 Decise, finché avesse potuto, di non lasciarla più.

forte la coda, più avea difeso se stesso, e offeso il lupo. Avendo costui morto[177] il lupo, non ardì però in tutta la notte d'uscire della botte, né di lasciare la coda.

In sul mattino levandosi il lavoratore, a cui il giovane avea picchiata[178] la porta, e andando provveggendo le sue terre[179], ebbe veduto appiè d'un burrato[180] questa botte: cominciò a pensare, e dire fra sé medesimo:

– Questi diavoli che vanno la notte[181] non fanno se non male, ché non che altro, ma la botte mia, che era in su l'aia, m'hanno voltolata infino colaggiú – e accostandosi, vide il lupo giacere allato la botte, che non parea morto.

  Comincia a gridare:

– Al lupo, al lupo, al lupo – e accostandosi, e correndo gli uomini del paese al romore, vidono il lupo morto e 'l garzone nella botte.

Chi si segnò di qua e chi di là, domandando il giovane:

– Chi se' tu? che vuol dire questo? –

Il garzone, più morto che vivo, che appena potea ricogliere il fiato, disse:

– Io mi vi raccomando per l'amor di Dio, che voi mi ascoltiate, e non mi fate male. –

Li contadini l'ascoltarono, per udire di sì nuova cosa la cagione, il quale disse, dalla perdita delle carte insino a quel punto, ciò che incontrato gli era.

A' contadini venne grandissima pietà di costui, e dissono:

– Figliuolo, tu hai avuta grandissima sventura, ma la cosa non t'anderà male, come tu credi: a Pistoia è uno ordine[182] che chiunque uccide alcun lupo, e presentalo al Comune, ha da quello cinquanta lire. –

---

177 Ucciso.

178 Bussato.

179 Visitando le sue terre.

180 Dirupo, luogo selvaggio e scosceso.

181 La superstizione contadina credeva nelle scorrerie notturne dei diavoli.

182 C'è una disposizione.

Un poco tornò la smarrita vita al giovane, essendoli profferto da loro e compagnia e aiuto a portare il detto lupo; e così accettoe. E insieme alquanti con lui, portando il lupo, pervennero all'albergo al pont'Agliana, donde si era partito, e l'albergatore della detta cosa si maraviglioe, come si dee immaginare, e disse che i mercatanti se ne erano iti, e che egli ed eglino, veggendo non era tornato, credeano lui essere da' lupi devorato, o essere da' malandrini preso.

In fine il garzone appresentò il lupo al Comune di Pistoia, dal quale, udita la cosa come stava, ebbe lire cinquanta: e di queste spese lire cinque in far onore alla brigata, e con le quarantacinque, preso da loro commiato, tornò al padre, e addomandando misericordia, gli contò[183] ciò che gli era intervenuto[184], e diègli le lire quarantacinque. Il qual padre, come povero uomo, li tolse volentieri, e perdonògli; e con li detti denari fece copiare le carte, e dell'avanzo piatío[185] gagliardamente.

E perciò non si dee mai alcuno disperare, perocché spesse volte, come la fortuna toglie, così dà; e come ella dà, così toglie. Chi averebbe immaginato che le perdute carte giù per l'acqua fossono state rifatte per un lupo, che mettesse la coda per uno cocchiume d'una botte, e sì nuovamente[186] fosse stato preso? Per certo questo è un caso e uno esemplo, non che da non disperarsi, ma di cosa che venga, non pigliare né sconforto né malinconia.

---

[183] Raccontò.

[184] Successo.

[185] Litigò, contese

[186] Stranamente, in modo così strano.

I DUE AMBASCIATORI DI CASENTINO[187]

Quando il vescovo Guido[188] signoreggiava Arezzo, si creò per li[189] Comuni di Casentino due ambasciadori, per mandare a lui addomandando certe cose. Ed essendo fatta loro la commessione di quello che aveano a narrare, una sera al tardi ebbono il comandamento di essere mossi[190] la mattina. Di che tornati la sera a casa loro, acconciarono loro bisacce, e la mattina si mossono per andare al loro viaggio imposto. Ed essendo camminati[191] parecchie miglia, disse l'uno all'altro:

– Hai tu a mente la commessione che ci fu fatta? –

Rispose l'altro, che non glie ne ricordava.

Disse l'altro:

– O, io stava a tua fidanza[192]; – e quelli rispose:

– E io stava alla tua. –

L'un guata l'altro dicendo:

– Noi abbian pur ben fatto! O, come faremo? –

Dice l'uno:

– Or ecco, noi saremo tosto a desinare all'albergo, e là ci ristrigneremo[193] insieme; non potrà essere che non ci torni la memoria. –

Disse l'altro:

– Ben di' – e cavalcando e trasognando[194], pervennono a terza all'albergo dove doveano desinare, e pensando e ripensando, insino che furono per andare a tavola, giammai non se ne poterono ricordare.

---

[187] Franco Sacchetti, *Trecentonovelle*, novella XXXI.

[188] Guido de' Tarlati (? - 1328), uomo d'armi e politico della nobile famiglia ghibellina dei Tarlati di Pietramala, vescovo e signore di Arezzo, fu più volte scomunicato e dichiarato eretico, come ghibellino, dal pontefice Giovanni XXII.

[189] Dai.

[190] Mettersi in viaggio.

[191] Avendo camminato.

[192] Mi fidavo di te.

[193] Ci concentreremo.

[194] Con la testa confusa.

Andati a desinare, essendo a mensa, fu dato loro d'uno finissimo vino. Gli ambasciadori, a cui piacea più il vino che avere tenuta a mente la commessione, si cominciano attaccare al vetro; e béi e ribei, cionca[195] e ricionca, quando ebbono desinato, non che si ricordassino della loro ambasciata, ma e' non sapeano dove e' si fossono, e andarono a dormire. Dormito che ebbono una pezza[196], si destaron tutti intronati.

Disse l'uno all'altro:

– Ricorditi tu ancora del fatto nostro? –

Disse l'altro:

– Non so io; a me ricorda che 'l vino dell'oste è il migliore vino che io beessi mai; e poi ch'io desinai, non mi sono mai risentito, se non ora; e ora appena so dove io mi sia. –

Disse l'altro:

– Altrettale te la dico[197]; ben, come faremo? che diremo? –

Brievemente, disse l'uno:

– Stiànci qui tutto dì oggi; e istanotte (ché sai che la notte assottiglia il pensiero[198]) non potrà essere che non ce ne ricordi; – e accordaronsi a questo; e ivi stettono tutto quel giorno, ritrovandosi spesso co' loro pensieri nella Torre a Vinacciano[199]. La sera essendo a cena, e adoperandosi più il vetro che 'l legname[200], cenato che ebbono, appena intendea l'uno l'altro. Andaronsi al letto, e tutta notte russarono come porci.

La mattina levatisi, disse l'uno:

– Che faremo? –

Rispose l'altro:

---

195 Tracanna.

196 Per un pezzo.

197 Altrettanto dico anch'io.

198 La notte rende il pensiero più fine, cioè la notte porta consiglio.

199 A farneticare per l'ubriachezza.

200 Adoperando più il bicchiere (di vetro) che i piatti (di legno), cioè bevendo più che mangiando.

– Mal che Dio ci dia, ché, poiché istanotte non m'è ricordato d'alcuna cosa, non penso me ne ricordi mai. –

Disse l'altro:

– Alle guagnele[201], che noi bene stiamo, ché io non so quello che si sia, o se fosse quel vino, o altro, ché mai non dormi' così fiso, senza potermi mai destare, come io ho dormito istanotte in questo albergo. Che diavol vuol dir questo? –

Disse l'altro:

– Saliamo a cavallo, e andiamo con Dio; forse tra via pur ce ne ricorderemo. –

E così si partirono, dicendo per la via spesso l'uno all'altro:

– Ricorditi tu? –

E l'altro dice:

– No, io. –

– Né io. –

Giunsono a questo modo in Arezzo, e andarono all'albergo; dove spesso tirandosi da parte, con le mani alle gote, in una camera, non poterono mai ricordarsene. Dice l'uno, quasi alla disperata:

– Andiamo, Dio ci aiuti. –

Dice l'altro:

– O che diremo, che non sappiamo che?[202] –

Rispose quelli:

– Qui non dee rimanere la cosa.[203] –

Misonsi alla ventura, e andarono al vescovo; e giugnendo dove era, feciono la reverenzia, e in quella si stavano senza venire ad altro. Il vescovo, come uomo che era da molto[204], si levò, e andò verso costoro, e pigliandoli per la mano, disse:

– Voi siate li ben venuti, figliuoli miei; che novelle avete voi? –

---

201 Per i Vangeli.

202 Che diremo se non sappiamo cosa dire?

203 Non può finire così, l'ambasciata comunque va fatta.

204 Valente, di senno.

L'uno guata l'altro:

– Di' tu; di' tu. –

E nessuno dicea. Alla fine disse l'uno:

– Messer lo vescovo, noi siamo mandati ambasciadori dinanzi alla vostra signoria da quelli vostri servidori di Casentino, ed eglino che ci mandano, e noi che siamo mandati, siamo uomini assai materiali; e ci feciono la commessione la sera in fretta: comeché la cosa sia, o e' non ce la seppon dire, o noi non l'abbiamo saputa intendere. Preghianvi teneramente, che quelli Comuni e uomini vi sieno raccomandati, che morti siano egli a ghiadi[205] che ci mandarono, e noi che ci venimmo. –

Il vescovo saggio mise loro la mano in su le spalle, e disse:

– Or andate, e dite a quelli miei figliuoli, che ogni cosa che mi sia possibile nel loro bene, sempre intendo di fare. E perché da quinci innanzi non si diano spesa in mandare ambasciadori, ognora che vogliono alcuna cosa, mi scrivano e io per lettera risponderò loro. –

E così pigliando commiato, si partirono.

Ed essendo nel cammino, disse l'uno all'altro:

– Guardiamo, che e' non c'intervenga al tornare, come all'andare. –

Disse l'altro:

– O che abbiamo noi a tenere a mente? –

Disse l'altro:

– E però si vuol pensare, perocché noi averemo a dire quello che noi esponemmo, e quello che ci fu risposto. Perocché, s'e' nostri di Casentino sapessono come dimenticammo la loro commessione, e tornassimo dinanzi da loro come smemorati, non che ci mandassono mai per ambasciadori, ma mai ofizio non ci darebbono. –

Disse l'altro, che era più malizioso:

– Lascia questo pensiero a me. Io dirò che sposto[206] che avemmo l'ambasciata dinanzi al vescovo, che egli graziosamente in tutto e per tutto s'offerse essere sempre presto a ogni loro bene, e per maggiore amore disse che, per meno spesa, ogni volta che avessono bisogno di

---

[205] Di spada, di coltello.

[206] Esposto.

lui, per loro pace e riposo scrivessero una semplice lettera, e lasciassono stare le 'mbasciate. –

Disse l'altro:

– Tu hai ben pensato; cavalchiamo più forte, che giunghiamo a buon'ora al vino che tu sai. –

E così, spronando, giunsono all'albergo e, giunto un fante loro alla staffa, non domandarono dell'oste, né come avea da desinare, ma alla prima parola domandorono quello che era di quel buon vino.

Disse il fante:

– Migliore che mai. –

E quivi s'armorono la seconda volta non meno della prima, e innanzi che si partissono, però che molti muscioni[207] erano del paese tratti[208], il vino venne al basso, e levossi la botte. Gli ambasciadori dolenti di ciò la levorono anco ellino, e giunsono a chi gli avea mandati, tenendo meglio a mente la bugia che aveano composta che non feciono la verità di prima, dicendo che dinanzi al vescovo aveano fatto così bella aringhiera, e dando ad intendere che l'uno fosse stato Tulio e l'altro Quintiliano, e' furono molto commendati, e da indi innanzi ebbono molti officii, che le più volte erano o sindachi, o massai.

---

207 Mosconi, voce scherzosa per intendere i bevitori

208 Erano accorsi.

Il cappone tagliato secondo grammatica[209]

Nel castello di Pietra Santa, in quello di Lucca, fu già un castellano abitante in quello, ch'avea nome Vitale. Era, secondo di là[210], abiente e orrevole[211] contadino, ed essendogli morta una sua donna, lasciandogli uno figliuolo d'anni venti, e due figliuole femmine, da' sette infino a' dieci anni, gli venne pensiero che questo suo figliuolo, che già era bonissimo gramatico[212], di farlo studiare in legge, e mandollo a Bologna. E mentre che era a Bologna, il detto Vitale tolse moglie[213]. E stando insieme, come per li tempi avviene, Vitale cominciò aver novelle, come questo suo figliuolo diveniva valentissimo; e, quando bisognava danari pe' libri, e quando per le spese per la sua vita, il padre mandava quando quaranta, e quando cinquanta fiorini: e molto di danari si votava[214] la casa.

La donna di Vitale, e matrigna del giovane che studiava a Bologna, veggendo mandare questi danari così spesso, e pensando che per questo a lei diminuiva la prebenda[215], cominciò a mormorare, e dice al marito:

– Or getta ben via questi parecchi danari che ci sono; mandali bene, e non sai a cui. –

Dice il marito:

– Donna mia, che è quel che tu di'? oh, non pensi tu quello che ci varrà? e l'onore e l'utile? Se questo mio figliuolo serà giudico[216], potrà

---

[209] Franco Sacchetti, *Trecentonovelle*, novella CXXIII.

[210] Rispetto a quei paesi.

[211] Onorevole

[212] Conosceva bene il latino.

[213] Prese moglie, si risposò.

[214] Vuotava.

[215] La rendita, le entrate.

[216] Diventerà giudice.

poi esser dottorio conventinato[217], che ne saremo saltati[218] in perpetuo seculo. –

Dice la donna:

– Io non so che secolo. Io mi credo, che tu se' ingannato, e che costui, a cui tu mandi ciò che puoi fare e dire, sia un corpo morto, e consumiti per lui. –

E in questa maniera la donna s'avea sì recato in costume di dire: questo corpo morto, che come il marito mandava o denari o altro, così costei era alle mani[219], dicendo al marito:

– Manda, manda, consumati bene, per dar ciò che tu hai a questo tuo corpo morto. –

Continuando questa cosa in sì fatta maniera, agli orecchi del giovane che studiava in Bologna pervenne come la matrigna il chiamava in questa contesa che facea col marito, corpo morto. Il giovane lo tenne a mente; ed essendo stato alquanti anni a Bologna e bene innanzi nella legge civile, venne a Pietra Santa a vedere il padre e l'altra famiglia. E 'l padre veggendolo, ed essendo più lieto che lungo[220], fece tirare il collo a un cappone[221], e disse, lo facesse arrosto, e invitò il prete loro parrocchiano a cena.

Venendo l'ora, e postisi a tavola, in capo il prete, allato a lui il padre, poi la matrigna, seguentemente le due fanciulle, ch'erano da marito, il giovane studente si pose a sedere di fuori su uno deschetto[222]. Venuto il cappone in tavola, la matrigna, che guatava il figliastro in cagnesco, a ceffo torto[223] comincia a pispigliare pianamente al marito, dicendo:

---

[217] Dottore laureato.

[218] Esaltati.

[219] Contrastava il marito.

[220] Lietissimo.

[221] Fece uccidere un cappone.

[222] Sgabello.

[223] Storcendo il viso.

– Che non gli di' tu che tagli questo cappone per gramatica, e vedrai s'egli ha apparato[224] nulla? –

Il marito semplice gli dice:

– Tu se' di fuori sul deschetto; a te sta il tagliare; ma una cosa voglio, che tu cel tagli per gramatica. –

Dice il giovane, ch'avea quasi compreso il fatto:

– Molto volontieri. –

Recasi il cappone innanzi, e piglia il coltello e, tagliandogli la cresta, la pone su uno tagliere, e dalla al prete, dicendo:

– Voi siete nostro padre spirituale, e portate la cherica; e però[225] vi do la cherica del cappone, cioè la cresta. –

Poi tagliò il capo, e per simile forma lo diede al padre, dicendo:

– E voi siete il capo della famiglia, e però vi do il capo. –

Poi tagliò le gambe co' piedi[226], e diedele alla matrigna, dicendo:

– A voi s'appartiene andar facendo la masserizia della casa[227], e andare e giù e su, e questo non si può far senza le gambe; e però ve le do per vostra parte. –

E poi tagliò li sommoli dell'alie[228], e poseli su uno tagliere alle sue sirocchie[229], e disse:

– Costoro hanno tosto a uscire di casa[230], e volare fuori; e però conviene abbiano l'alie, e così le do loro. Io sono un corpo morto. Essendo così, e così confesso, per mia parte mi torrò questo corpo morto; – e comincia a tagliare e mangia gagliardamente.

E se la matrigna l'avea prima guatato in cagnesco, ora lo guatò a squarciasacco[231], dicendo:

---

[224] Imparato.

[225] Perciò.

[226] Le zampe.

[227] Governando la casa.

[228] Estremità delle ali.

[229] Sorelle.

[230] Presto usciranno di casa, si sposeranno.

[231] Con viva ostilità.

– Guatate gioia! – e pian piano dicea al marito: – Or togli la spesa che tu hai fatta! –

E assai si potè borbottare, ché la brigata che v'era l'averebbono voluto tagliare in vulgare[232], e spezialmente il prete, che parea che avesse il mitrito[233], specchiandosi in quella cresta. Da indi a pochi dì, essendo il giovane per tornare a Bologna, fece piacevolmente certo[234] tutti il perché avea partito[235] il cappone per sì fatta forma. E spezialmente con una mezza piacevolezza dimostrò alla matrigna il suo errore; e partissi e dagli altri e da lei con amore; comecché io credo, che ella dicesse con la mente: «Va', che non ci possi mai tornare».

---

[232] In lingua volgare, in ironica contrapposizione al taglio effettuato dal giovane grazie al latino (grammatica).

[233] Malattia fulminante. L'espressione equivale al nostro odierno rimanere di stucco.

[234] Spiegò.

[235] Tagliato, diviso.

La gabella delle uova[236]

Fu adunque un tristo, ricco di ben ventimila fiorini, il quale ebbe nome Antonio (il soprannome non voglio dire, per onore de' suoi parenti), il quale, trovandosi in contado e volendo mandare a Firenze ventiquattro o trenta uova; disse il fante:

– E' si vuole dare la gabella, perocché le quattro[237] pagono uno denaio di gabella. –

Quando questi ode dire questo, piglia il canestro, e chiama il fante, e vassene in camera, e dice:

– A ogni tempo è buona la masserizia[238]; io voglio risparmiare questi danari. –

E detto questo, e prese a quattro a quattro l'uova, alzandosi il lembo dinanzi, cominciasele a mettere nelle brache. Dice il fante:

– Oh! ove le mettete voi? oh, voi non potrete andar per la via. –

Dice Antonio:

– Nòe? ell'hanno un fondo in giuso[239] queste mie brache che ci capirrebbono[240] le galline che l'hanno fatte, non che l'uova. –

Il fante si volse, e fecesi il segno della santa croce per maraviglia. E Antonio, intascato che ebbe l'uova, si mette in cammino, e andava largo, come s'egli avesse avuto nelle brache due pettini da stoppa; e quando fu presso alla porta, disse al fante:

– Vattene innanzi, e di' a' gabellieri, sostengano un poco la porta.[241] –

E 'l fante così fece; ma non si potè tenere, che a uno gabelliere non dicesse in grandissimo segreto il fatto; il quale gabelliere disse agli altri:

---

[236] Franco Sacchetti, *Trecentonovelle*, novella CXLVII.

[237] Ogni quattro.

[238] Il risparmio, fare economia.

[239] Giù.

[240] Ci entrerebbero.

[241] Tardino un poco a chiudere la porta della città. Era dunque verso sera.

– E' ci è la più bella novella che voi udiste mai; che 'l tale passerà testè qui, che viene dal luogo suo, e hassi piene le brache d'uova. –

Dice alcuno:

– Doh! lasciate fare a me, e vederete bel giuoco. –

Dissono gli altri:

– Fa' come ti piace. –

E così giunse Antonio:

– Buona sera, brigata, ecc. –

Dice quel gabelliere:

– Antonio, deh vieni qua un poco, e assaggerai un buon vino. –

Quelli dicea non volea bere.

– Per certo sì farai; – e tiralo per lo mantello, e condottolo dove volea, dice: – Siedi un poco. –

Colui risponde:

– Non bisogna; – e per niun modo vuole.

Il gabelliere dice:

– Io posso pur sforzare uno, volendogli fare onore; – e pignelo a sedere su una panca.

E come si pone, e' parve si ponessi a sedere su uno sacco di vetri.

Dicono i gabellieri:

– Che hai tu sotto, che fece così grande scrosciata[242]? sta' un poco su. –

Dice il maggiore[243]:

– Antonio, tu déi volere che noi facciamo l'oficio nostro; noi vogliamo vedere quello che tu hai sotto, e che fece così grande romore. –

Dice Antonio:

– Io non ho sotto nulla; – e alzò il mantello, dicendo:

– E' sarà questa panca, che avrà cigolato. –

– Che panca? non fu busso[244] di panca quello; tu alzi il mantello; la cosa dee essere altrove; – e fannolo alzare a poco a poco, e brievemente, veggono certo giallore venire giù per le calze, e dicono:

– Questo che è? noi vogliamo vedere le brache, donde pare che venga questa influenza. –

Quelli si scuote un poco; un altro alza subito e dice:

– Egli ha piene le calze d'uova. –

Antonio dice:

– Deh, state cheti, ch'elle son tutte rotte: io non sapea altrove dove metterle; e questa è piccola cosa, quanto alla gabella. –

Dicono i gabellieri:

– Elle dovettono essere parecchie serque[245]. –

Dice Antonio:

– In lealtà, ch'elle non furono se non trenta. –

Dicono i gabellieri:

– Voi parete un buon uomo, e giurate in lealtà; come vi dobbiamo noi dare fede? Quando voi frodate il Comune vostro d'una piccola cosa, ben lo fareste d'una grande; e sapete, ch'e' dice: «Can che lecchi

---

[242] Rumore.

[243] Il capo delle guardie.

[244] Botta, rumore.

[245] Dozzine.

cenere, non gli affidar farina». Or bene, lasciateci una ricordanza[246], e domattina ci conviene andare a' maestri a dire questo fatto. –

Dice Antonio:

– Oimè! per Dio, io sarei vituperato; togliete[247] ciò che voi volete. –

Dice uno di loro:

– Deh, non facciamo vergogna a' cittadini: paga per ogni danaro tredici. –

Antonio mette mano alla borsa, e paga soldi otto; e poi dà loro un grosso, e dice:

– Togliete, beveteli domattina; ma d'una cosa vi prego, che non ne diciate alcuna cosa a persona; – e così dissono di fare; ed egli si partì col sedere nello intriso[248] e bene impiastrato.

E giunto a casa, dice la moglie:

– Io credea che tu fossi rimaso di fuori; che ha' tu tanto fatto? –

– Gnaffe![249] – dice costui, – non so io – e mettevasi le man sotto e andava largo com'un crepato[250]. –

Dice la donna:

– Se' tu caduto? –

E quelli dice ciò che intervenuto[251] gli era. Come la donna l'ode, comincia a dire:

– Deh! tristo sventurato, trovossi mai più questo o in favola o in canzone? benedetti sieno li gabellieri che ti hanno vituperato, come eri degno. –

Ed elli dicea:

– Deh, sta' cheta. –

---

[246] Un pegno.

[247] Prendete.

[248] Miscuglio di farina e acqua o altro liquido per essere ridotto a pasta. Nel testo il termine viene usato scherzosamente per similitudine.

[249] In fede mia. In passato questa espressione di uso popolare era particolarmente utilizzata come inizio di una risposta vivace o risoluta.

[250] Malato d'ernia.

[251] Successo.

Ed ella dice:

– Che sta' cheta? che maladetta sia la ricchezza che tu hai, quando tu ti conduci a tanta miseria! volevi tu covar l'uova, come le galline quando nascono i pulcini? non ti vergogni tu, che anderà questa novella per tutta Firenze, e sempre ne serai vituperato? –

Dice Antonio:

– Li gabellieri m'hanno promesso non dirlo. –

Dice la donna:

– Oh, questo è l'altro tuo senno, ché non fia domane sera che ne sarà ripiena tutta questa terra; – e così fu come la donna disse.

E Antonio rispondea:

– Or ecco, donna, io ho errato; de' si mai restare[252]? errasti tu mai, tu? –

Disse la donna:

– Maisì, ch'io posso avere errato, ma non di mettermi l'uova nelle brache. –

E quelli dicea:

– Oh! tu non le porti. –

E la donna dice:

– Mal e danno s'io non le porto; e se io le portassi, vorrei prima esser cieca, che aver fatto quello che tu; e ancora non apparirei mai tra persona. Quanto più vi penso, tanto più mi smemoro, ché per due dinari tu sei vituperato per sempre mai: tu non doverresti mai esser lieto, se tu avessi conoscimento; ché pur io non apparirò mai tra donne, ch'io non me ne vergogni; credendo che tuttavia mi sia detto: «Vedi la moglie di colui che portò l'uova nelle brache». –

Antonio dicea:

– Deh, non dir più; gli altri se ne stanno cheti, e tu par che 'l vogli bandire. –

Dice la donna:

---

252 Non si può finir più.

– Io mi starò ben cheta, ma e' non se ne staranno quegli altri che 'l sanno. Io ti dico: marito mio, tu eri tenuto[253] prima dappoco, e ora serai tenuto quello che tu serai. Io fui data a una gran ricchezza, ma e' si potea dire, a una gran tristezza. –

Antonio, che già avea studiato e letto l'abbiccì in sul mellone[254], si venne pur ripensando aver fatto gran tristizia di sé, e che la donna dicea molto bene il vero; e pregò umilmente la donna di questo fatto si desse pace, e ancora, s'elli avesse fallato, ella stessa sopra lui pigliasse la vendetta. La donna un poco si cominciò a rattemperare, e disse:

– Va' pure con tuo senno a mercato, ché io me ne camperò il meglio che potrò[255]; – e così si rimasono.

Direm noi che le donne non siano spesse volte in molte virtù avvedute più che gli uomini? Questa valentre donna in quante maniere ritrovò il marito! Ella era così d'assai tra le donne, come elli dappoco tra gli uomini. Le novelle vennono pur al fine meno; ma non per Firenze, dove di questo sempre si disse con diletto d'altrui, e con vituperio del bell'amico. Il quale, cavatesi le brache perché la fante non se ne accorgesse, disse che la mattina scaldasse un orciuolo[256] di ranno[257], e déssignelo nel bacino a buon'ora, e la sera se ne fece dare un altro, con che si lavò, ma non sì che non ingiallasse le lenzuole, prima che avesse parecchie rannate; le quali gli furono di necessità, tanto erano le tuorla, con gli albumi e con li gusci, incrosticate e appiccate nel sedere. Or così guadagnò questo tapino la gabella di trenta uova, ch'elli ne fu sì vituperato, che sempre di questo se ne disse, e ancora oggi se ne dice più che mai.

---

[253] Considerato.

[254] Non era molto sveglio.

[255] Va pure al mercato a vendere il tuo cervello, perché io mi guardero bene dal comprarlo.

[256] Piccolo recipiente di terracotta, panciuto e di forma allungata, con collo piuttosto ristretto. Colatoio.

[257] Miscela detergente formata da cenere di legno e acqua bollente usata un tempo per lavare i panni. Liscivia.

<u>GLI SCARAFAGGI DI BONAMICO</u>[258]

Uno che ebbe nome Bonamico[259], dipintore, nella sua giovinezza essendo discepolo d'uno che avea nome Tafo, dipintore, e la notte stando con lui in una medesima casa, e in una camera a muro soprammattone allato alla sua; e (com'è d'usanza de' maestri dipintori chiamare i discepoli, spezialmente di verno, quando sono le gran notti, in sul mattutino a dipingere) essendo durata questa consuetudine un mezzo verno, che Tafo avea chiamato continuo Bonamico a fare la veglia; a Bonamico cominciò a rincrescere questa faccenda, come a uomo che averebbe voluto più presto dormire che dipignere, e pensò di trovare via e modo che ciò non avesse a seguire. E, considerando che Tafo era attempato, s'avvisò con una sottile beffa levarlo da questo chiamare della notte, e che lo lasciasse dormire.

Di che un giorno se n'andò in una volta[260] poco spazzata, là dove prese circa a trenta scarafaggi, e trovato modo d'avere certe agora[261] sottili e piccole, e ancora certe candeluzze di cera, nella camera sua in una piccola cassettina l'ebbe condotte. E aspettando, fra l'altre, una notte che Tafo cominciasse a svegliarsi per chiamarlo, come l'ebbe sentito che in sul letto si recava a sedere, ed egli trovava[262] a uno a uno gli scarafaggi, ficcando gli spilletti su le loro reni e, su quelli, le candeluzze acconciando accese, li mettea fuori della fessura dell'uscio suo, mandandoli per la camera di Tafo.

Come Tafo comincia a vedere il primo e, seguendo, gli altri co' lumi per tutta la camera, cominciò a tremare come verga, e fasciatosi col copertoio[263] il viso, che quasi poco vedea se non per l'un occhio,

---

[258] Franco Sacchetti, *Trecentonovelle*, novella CXCI.

[259] Bonamico di Cristoforo, detto Buffalmacco, pittore passato alla storia soprattutto per le sue burle, alcune delle quali raccontate anche da Boccaccio.

[260] Cantina.

[261] Aghi.

[262] Prendeva.

[263] Grossa coperta da letto.

si raccomandava a Dio, dicendo la intemerata[264] e' salmi penitenziali; e così insino a dì stava in timore, credendo veramente che questi fossono demoni dell'inferno.

Levandosi poi mezzo aombrato, chiamava Bonamico, dicendo:

– Hai tu veduto stanotte quel che io? –

Bonamico rispose:

– Io non ho veduto cosa che sia, perocché ho dormito e ho tenuto gli occhi chiusi; maravigliomi io che non m'avete chiamato a vegliare come solete. –

Dice Tafo:

– Come a vegliare? ché io ho veduto cento demoni per questa camera, avendo la maggiore paura che io avesse mai; e in questa notte, non che io abbia avuto pensiero al dipignere, ma io non ho saputo dove io mi sia; e per tanto, Bonamico mio, per Dio ti prego trovi modo che noi abbiamo un'altra casa a pigione. Usciamo fuori, perocché in questa non intendo di star più, ché io son vecchio, e avendo tre notti fatte come quella che ho avuto nella passata, non giugnerei alla quarta. –

Udendo Bonamico il suo maestro così dire, dice:

– Gran fatto[265] mi pare che di questo fatto, dormendo presso a voi com'io fo, non abbia né veduto né sentito alcuna cosa. Egli interviene spesse volte che di notte pare vedere altrui quello che non è, e ancora molte volte si sogna cosa che pare vera e non è altro che sogno: sì che non correte a mutar casa così tosto, provate alcun'altra notte; io vi sono presso, e starò avvisato[266], se nulla fosse, di provvedere a ciò che bisogna. –

Tanto disse Bonamico, che Tafo a grandissima pena consentì; e tornato la sera a casa, non facea se non guardare per lo spazzo[267] che

---

264 Lunga orazione latina in onore della vergine Maria che cominciava appunto con "O intemerata…".

265 Gran cosa.

266 Starò attento.

267 Pavimento.

parea uno aombrato; e andatosi a letto, tutta la notte stette in guato[268], sanza dormire, levando il capo e riponendolo giù, non avendo alcuno pensiere di chiamare Bonamico per vegliare a dipingere; ma più tosto di chiamarlo al soccorso, se avesse veduto quello che la notte di prima.

Bonamico, che ogni cosa comprendea, avendo paura non lo chiamasse a fare la veglia sul mattutino, mandò per la fessura tre scarafaggi con la luminaria usata. Come Tafo gli vide, subito si chiuse nel copertoio, raccomandandosi a Dio, botandosi[269] e dicendo molte orazioni; e non ardì di chiamare Bonamico; il quale, avendo fatto il giuoco, si ritornò a dormire aspettando quello che Tafo la mattina dovesse dire.

Venuta la mattina, e Tafo uscendo del copertoio, sentendo che era dì, si levò tutto balordo, con timorosa voce chiamando Bonamico. Bonamico, facendo vista[270] di svegliarsi, dice:

– Che ora è? –

Dice Tafo:

– Io l'ho ben sentite tutte l'ore in questa notte, perocché mai non ho chiuso occhio. –

Dice Bonamico:

– Come? –

Dice Tafo:

– Per quelli diavoli; benché non fossono tanti quanto la notte passata. Tu non mi ci conducerai più; andianne e usciamo fuori, ché in questa casa non sono per tornare più. –

Bonamico gli potè dire assai cose che la sera vegnente ve lo riconducesse, se non con questo, che gli diede a intendere, se uno prete sagrato[271] dormisse con lui, ch'e' demoni non arebbono potenza di stare in quella casa. Di che Tafo andò al suo parrocchiano e pregollo che la notte dormisse e cenasse con lui, e dettagli la cagione e sopra

---

[268] Attento.

[269] Facendo voti.

[270] Facendo vedere di svegliarsi in quel momento.

[271] Consacrato.

ciò ragionando, s'accozzarono[272] con Bonamico e tutti e tre giunsero in casa. E veggendo il prete Tafo presso che fuor di sé per paura, disse:

– Non temere, ché io so tante orazioni, che se questa casa ne fosse piena, io li caccerò via. –

Dice Bonamico:

– Io ho sempre udito dire ch'e' maggiori nimici di Dio sono li demoni; e se questo è, e' debbono essere gran nimici de' dipintori, che dipingono lui e gli altri santi, e per questo dipignere se n'accresce la fede cristiana che mancherebbe forte[273] se le dipinture, le quali ci tirano a devozione, non fossono; di che, essendo questo, quando la notte, ch'e' demoni hanno maggiore potenza, ci sentono levare a vegliare, per andare a dipignere quello di che portano grand'ira e dolore, giungono con grand'impeto a turbare questa così fatta faccenda. Io non affermo questo; ma parmi ragione assai evidente che puote essere. –

Dice il prete:

– Se Dio mi dia bene, che cotesta ragione molto mi s'accosta; ma le cose provate sono più certificate; – e, voltosi a Tafo, dice:

– Voi non avete sì grande il bisogno di guadagnare, che, se quello che dice Bonamico fosse, che voi non possiate fare di non dipignere la notte: provate parecchie notti, e io dormirò con voi, di non vegliare e di non dipignere, e veggiamo come il fatto va. –

Questo fu messo in sodo[274], che più notti vi dormì il prete, ch'e' scarafaggi non si mostrarono.

Di che tennono per fermo la ragione di Bonamico essere chiara e vera; e Tafo fece bene quindici notti, senza chiamare Bonamico per vegliare. Essendo rassicurato Tafo, e costretto dal proprio utile; cominciò una notte di chiamare Bonamico, perché avea di bisogno di compire una tavola allo Abate di Bonsollazzo. Come Bonamico vide

---

[272] Si incontrarono.

[273] Sarebbe minore.

[274] Accertato, assodato.

ricominciare il giuoco, prese di nuovo de' scarafaggi e la seguente notte li mise a campo per la camera su l'ora usata.

Veggendo questo Tafo, cacciasi sotto, dolendosi fra sé stesso, dicendo:

– Or va', veglia, Tafo; or non ci è il prete; Vergine Maria, atatemi[275]; – e molte altre cose, morendo di paura, insino che 'l giorno venne.

E levatosi egli e Bonamico, dicendo Tafo come li demoni erano rappariti; e Bonamico rispose:

– Questo si vede chiaro ch'egli è quello che io dissi, quando il prete ci era. –

Disse Tafo:

– Andiamo insino al prete. –

Andati a lui, gli disseno ciò che era seguito. Di che il prete affermò essere la cagione di Bonamico vera, e per verissima la notificò al populo, in tal maniera che, non che Tafo, ma gli altri dipintori non osarono gran tempo levarsi a vegliare. E così si divolgò la cosa che altro non si dicea; essendo tenuto Bonamico che, come uomo di santa vita, avesse veduto, o per ispirazione divina o per revelazione, la cagione di que' demoni essere apparita in quella casa; e da questa ora innanzi da molto più fu tenuto[276], e di discepolo con questa fama diventò maestro.

Partendosi da Tafo, non dopo molti dì fece bottega in suo capo, avvisandosi d'essere libero e potere a suo senno dormire; e Tafo rimase per quegli anni che visse trovandosi un'altra casa, là dove tutti i dì della vita sua si botò di non fare dipignere la notte, per non venire alle mani degli scarafaggi.

---

[275] Aiutatemi.

[276] Stimato.

Novelle del Quattrocento

Le chiacchiere della gente[1]

Elli fu[2] uno santo padre, il quale, essendo ben pratico delle cose del mondo, ed avendo sguardato che in esso non si poteva vivere per niuno modo contra chi volea detrarre[3], elli disse a uno suo monachetto:

– Figliuolo, vieni con meco e tòlle el nostro asinello. –

El monachetto ubidiente tolse l'asino e mòntavi sù; e 'l fanciulletto andava dietro al santo padre a pièi[4], e passando fra la gente, elli era in un luogo molto fango.

Uno parla e dice:

– Doh! guarda colui quanta crudeltà ha a quello monacuccio, ch'è a pièi e lassalo andare fra tanto fango, e elli va a cavallo! –

---

1   Da *Novellette, esempi morali e apologhi di San Bernardino da Siena*, a cura di Francesco Zambrini, Romagnoli, Bologna, 1868. San Bernardino (Bernardino degli Albizzeschi, 1380 - 1444), frate minore francescano, materialmente non scrisse mai alcuna novella, anche se di quando in quando ne introduceva qualcuna nei suoi sermoni. I testi di queste novelle, racconti ricchi di buon senso e con una chiara morale, frutto della fantasia creativa del santo, sono giunti a noi grazie al lavoro di trascrizione di un fedele ammiratore del santo, Benedetto di messer Bartolomeo, semplice cimatore di panni, che ce le ha trasmesse con quella schietta e arguta parlata senese che Bernardino adoperava con tanta maestria.

2   Ci fu.

3   Dir male, criticare.

4   Piedi.

Come costui udì questa parola, subito ne scese; e come egli n'è sceso, ed elli vi pose sù il fanciullo; e andando poco più oltre, elli andava toccando l'asino dietro per questo fango. E un altro dice:

– Doh! guarda stranezza d'uomo, che ha la bestia ed è vecchio e va a pièi, e lassa andare a cavallo quello fanciulletto, che non si curerebbe della fatiga[5], né del fango. Credi che sia pazzia la sua? Et anco potrebbero andare amenduni in su quell'asino, se volessero, e farebbero il meglio. –

Viene questo santo padre e vi monta sù anco lui. E così andando più oltre, ed elli fu uno che disse:

– Doh! guarda coloro che hanno un asinello, e amenduni vi so' saliti sù! Credi che abbino poco caro quell'asinello, ché non sarebbe gran fatto[6] che elli si scorticasse! –

Anco udendo questo il santo padre subito ne scese e fecene scendere il fanciulletto, e vanno a pièi dietro ognuno, dicendo:

– Arri là. –

E poco poco andâro[7] oltre, e un altro dice:

– Doh! guarda che pazzia è questa di costoro, che hanno l'asino e vanno a pièi in tanto fango! –

Avendo veduto questo santo padre che in niuno modo si poteva vivare, che la gente non mormori, disse al monachetto:

– Oltre[8], torniamo a casa. –

Et essendo alla cella, disse il santo padre:

– Vien qua, figliuolo mio; hai tu posto mente alla novella dell'asino? –

Dice il monachetto:

– O di che? –

– O non hai tu veduto che in ogni modo che noi siamo andati, n'è stato detto male? Se io andai a cavallo e tu a pièi, elli ne fu detto

---

5 Fatica.

6 Non ci sarebbe da meravigliarsi.

7 Andarono.

8 Suvvia.

male; e che, perché tu eri fanciullo, io dovevo pónare[9] te. Io ne scesi e pósivi te, e un altro ne disse anco male essendo su tu, dicendo, che io ch'ero vecchio vi dovevo salire, e tu ch'eri giovano, andare a pièi. Anco vi salìmo[10] poi amenduni, e tu sai che anco ne dissero male, e che noi savamo[11] crudeli dell'asinello per lo troppo carico. Anco poi ne scendemmo ognuno, e sai che anco ne fu detto male, che la nostra era pazzia andare a pièi e avere l'asino. E però, figliolo mio, impara questo ch'io ti dirò: sappi che chi sta nel mondo facendo quanto bene egli può fare, e ingegnisi di farne quanto a lui è possibile, non si può fare che non sia detto mal di lui. E però, figliuol mio, fatti beffe di lui e nol curare, e non avere voglia d'essare[12] con lui, ché in ogni modo che con lui si sta, sempre si perde, e da lui non esce se non peccato; e però fatti beffe di lui, e fa' sempre bene, e lassa dire chi vuol dire, o male o bene che e' dicano. –

9　Porre, mettere.

10　Salimmo.

11　Eravamo.

12　Essere.

Un pugno ben pagato[13]

El me recorda avere audito[14] da persone di fede e de auctorità reverende[15], clarissimo[16] conte, mio optimo benefactore e compatre, e voi altre dignissime persone, che essendo la nostra città[17] tutta al Stato de la Chiesa sugetta, el fu uno doctissimo causidico[18] nostro citadino, de la clarissima famiglia de Castello, nominato misser Dionisio, uomo de grandissimo ingegno e animo e de doctrina prestantissimo, adoperato assai in cose grave e ponderose in beneficio de la nostra republica per conservazione de la sua libertà, a cui, come vero patrizio, addusse grandissimi onori, commodi e utilità. El quale con un altro causidico, del cui nome per ora non me recordo, che defendeva un suo attinente[19], convenuto[20] da la generosa memoria de madonna Margarita de misser Piero di Guidotti, cavaliero nobilissimo, consorte de la magnifica recordazione[21] de lo illustre signor Zoanne di Bentivogli, de la quale era procuratore epso[22] misser Dionisio, agitandosi questa causa denanti a misser Nicoluzzo di Piccolomini senese, allora de la nostra città degno pretore, un giorno usando, come spesso interaviene[23], questi procuratori l'uno a l'altro mortale parole in favore de le rasone de' loro principali, infine detraendo el procuratore ignoto

---

13 Giovanni Sabadino degli Arienti, *Le porretane*, novella IV.

14 Udito.

15 Degne di rispetto.

16 Nobilissimo.

17 Bologna.

18 Che tratta o difende cause giudiziali dinanzi a magistrature minori, senza avere la laurea di avvocato o di procuratore.

19 Parente.

20 Chiamato in causa.

21 Memoria. Giovanni di Bentivoglio era morto.

22 Esso.

23 Succede.

a l'onore del procuratore Castellese, li accese in tal modo il core di sdegno e d'ira, che subito, strengendo i denti, diede uno fiero pugno sopra il viso del causidico ignoto.

Il quale acto el potestà vedendo e quello assai indiscreto reputando, riprese con agre parole el procuratore Castellese, minacciandolo fieramente e dicendoli che era caduto in pena grande; e commandolli che non se partisse de palazzo se prima non pagasse la pena nella quale era incorso, volendolo quasi far incarcerare: e fatto l'avrebbe se la sua virtù e la condizione de la sua famiglia non gliel'avesse negato.

A cui rispose misser Dionisio con virile cera.

– *Magnifice praetor*, la forma delle nostre lege municipale decerne[24] che non potete se non torme diece lire de bolognini. –

---

[24] Decreta.

E con queste parole, posto presto mano a la scarsella[25] avea a lato, trattine diece ducati larghi e dixe:

– Tolìti[26], datime[27] il resto. –

A cui respose il pretore come isdegnato:

– Io ho fornito quivi il resto[28]; mandàtilo voi al cambiatore per esso. –

Il che intendendo el Castellese e non li essendo ancora estinta l'ira, e meritamente, senza indusia[29] se volse al procuratore ignoto, che con le bave a la bocca, forte dolendose adimandava ragione del recevuto pugno, e dixe:

– Al sancto corpo de Dio, tu averai questo altro! –

E datoli un altro fiero pugno sopra la mascella sinistra, dixe:

– *Domine praetor*, l'è pagato più che la pena de tutti dui li pugni; tirate a voi li denari, ché uno uomo è ben da poco non possa spendere diece ducati per saziare un suo appetito. –

E voltatoli le spalle, se ne andò a casa, lassando col viso tumefatto il procuratore ignoto; il quale, come rabbiato dolendose e ramaricandose infinitamente col potestà, bisognò che avesse pazienzia. E benché dispiacesse il seguìto caso al potestà, come quello ch'era stato fatto in sua presenzia, pur con gran fatica se poté retenere[30] de non ridere; e infine, come è approbata sentenzia, chi ricevette il male se ne ebbe il danno.

---

[25] Borsa, per lo più di cuoio, in cui si tenevano i denari.

[26] Togliete, prendete.

[27] Datemi.

[28] Non ho più da farvi il resto.

[29] Indugio.

[30] Trattenere.

L'ABATE DI SAN PROCULO[31]

Nel 1388, magnifico conte, spectabili gentilomini e vui vezzose e belle donne, la nostra abbazia de Sancto Proculo, al presente officiata da' devotissimi religiosi negri[32] de san Benedecto, avendo uno reverendo abbate della famiglia di Passipoveri, nobilissimo sangue[33] in la città nostra, nominato misser don Dionisio, con alquanti monaci de bona fama, per una grande pestilenzia fu in quel tempo in Bologna, volendo loro fare el debito suo in confessare li parocchiani infermi de tal morbo e quilli di quali avevano cura, advenne, credo come el più delle volte sòle, che excepto dui de loro e l'abbate tutti gli altri morirono. Il nome di quali fu don Domizio e don Martino.

Or advenne che, avendoli fatto uno venerdì, giorno di passione, il cuoco loro un buon catino de lasagne con buono caso gratusato[34] a disenare, trovandose l'abbate nel refectorio a mensa con questi due monaci gli erano restati, non prima li fu portato dinanti per esso cuoco a mensa, che, dando l'odore delle lasagne sotto il naso a l'abbate, li aguzzò in tal modo lo appetito, che subito se ne pose uno bono boccone in bocca. Il quale essendo caldo, perché pur allora erano state cavate del caldaio, se scottò in tal maniera, che, se per vergogna non fusse stato e per non dare a li monaci malo exemplo, l'averebbe gettato fuori; ma, sforzandose tenerlo, cominciò per passione[35] a travolgere gli occhi e versare alcuna lacrimetta con uno certo premere[36].

---

31 Giovanni Sabadino degli Arienti, *Le porretane*, novella XLVI.

32 Che vestono di nero. Ai Benedettini di Montecassino Clemente V prescrisse di portare veste, scapolare e cappuccio nero, per cui erano detti monaci neri, per distinguerli dagli altri Benedettini che vestivano di bianco.

33 Di nobilissima famiglia.

34 Con formaggio grattugiato.

35 Dal dolore.

36 Stringendo gli occhi.

La qual cosa vedendo don Domizio, e credendo che l'abbate se fusse dato qualche ambascia[37], per recuperarlo[38], non avendo lì aqua fredda parata, presto, come persona provida, li gettò nel viso megio[39] bichiero de vino bianco dolce, che gli era restato de una suppa che alora avea mangiata, dicendo:

– Oimè, patre mio, che aveti voi? Che doglia ve tormenta ora, che cusì piagneti? –

L'abbate, smarendosi[40] per la gettatura del vino, inghiottì el boccone e, per excusarse, quantunque non gli piacesse essere avinato[41], perché gli occhii li abrusavano[42], respose con la bocca pelata[43]:

– Figliuol mio, el m'è venuto or ora una tenerezza de cuore, che giamai non ebbi la magiore, essendome ramentato che, mangiando altre volte lasagne qui, le mense de questo refectorio erano tutte piene de' nostri fratelli, che testé non siamo se non tre. –

A cui respondendo don Domizio, tutto intenerito, che la Sua Paternità volesse avere pazienzia e conformarse con la divina voluntà e con la rasone, el sensuale dolore superando, se pose anche lui in bocca uno grosso boccone de le lasagne, le quale scotarono lui in tal guisa, che, travolgendo gli occhi per la scotatura, pianse caldamente; e per questo comprese subito l'abbate avere pianto per tal casone[44], e non per la morte de' suoi monaci. E l'abbate, avidutosene, li dixe:

– Perché piangeti voi, don Domizio? –

A cui esso rispose:

– Patre mio, piango io ancora de quello avete pianto voi. –

---

[37] Pena forte.

[38] Per fargli riprendere i sensi.

[39] Mezzo.

[40] Intontito, frastornato.

[41] Bagnato di vino.

[42] Bruciavano.

[43] Per la scottatura.

[44] Cagione.

E con queste parole, con grande ambascia, tragulzato[45] il caldo
boccone, don Martino, posto lui ancora il cochiaro nel catino, ne
prese una buona menata[46], de la quale non essendo ancora uscito el
caldo, postola in bocca, se scottò disconciamente[47]. Onde, venendoli
agli occhi grosse lacrime, cominciò con la bocca aperta a soffiare,
come ne andasse il fiato. Il che vedendo l'abbate con suo grande piacere, dixe:

– Che v'è intravenuto, don Martino, che sì soffiate? –

E lui, gettando fuori el boccone, respose:

– Io piango che Dio se ha tolto[48] i buoni e lassato li cattivi, poiché
l'uno de l'altro siamo traditori. –

E, venendoli ira, dette de le mane nel catino de le lasagne sì acon-
ciamente, che tutte nel viso de lo abbate scaturirono[49], e in tal modo,
che parea avesse empiastrato il viso de grasso. Onde, postose l'abbate
presto la mano per nettarse e perché ancora alquanto era scottato,
don Domizio, essendo giovene e de piacevole natura, non potette per
niente ritenere le risa.

Ma l'abbate, sentendose gli occhi inquinati[50] e la cappa e 'l scapu-
lario[51], avendo uno poco de ira, a gran fatica se puoté contenere che
non facesse male a don Martino; e, s'el non fusse stato el calamitoso
tempo de la pestilenzia, e perché il suo goloso appetito ne era stato
potissima casone[52], l'averebbe facto per penitenzia carcerare. Ma, pur
reprendendolo, dixe:

---

[45] Trangugiato.

[46] Cucchiaiata.

[47] Malamente.

[48] Si è preso.

[49] Schizzarono.

[50] Imbrattati.

[51] Scapolare, cappuccio della tonaca dei frati, così detto perché può ripiegarsi sulle scapole.

[52] Principale causa.

– Don Martino, a' religiosi non conviene scandeligiarse[53]: la nostra professione rechiede pazienzia, e l'abito umiltà; e voi avete questa sancta virtù preterito[54]: dove sieti degno de grave penitenzia. Ma voglio più sia la mia clemenzia ch'el vostro peccato, il quale ve perdono. Per l'advenire guardativene. –

E, chiamato il cuoco, che era tedesco, li comandò che li portasse de l'altre lasagne. El quale, essendo venuto da pochi giorni prima a stare con loro, intesa la dimanda de l'abbate, dixe:

– O lupi, avete voi già divorate tutte le lasagne ch'io ve detti? Che ve venga el cacasangue! – prima blastema[55] che imparano li alamanni[56] quando in Italia vengono.

Per il che l'abbate, buttandose in berta[57] e dimenticandose la scotatura e l'occorso scandalo, insieme con li compagni con piacere mangiarono il secundo catino de lasagne, facendose l'uno a l'altro, come castigati del primo errore, fidel credenza[58].

---

[53] Scandalizzarsi, arrabbiarsi.

[54] Trascurato.

[55] Bestemmia.

[56] Alemanni, tedeschi.

[57] Buttandola sul ridere.

[58] Fede, fiducia.

Novelle del Cinquecento

Belfagor arcidiavolo[1]

Leggesi nelle antiche memorie delle fiorentine cose, come già s'intese per relazione d'alcuno santissimo uomo, la cui vita appresso qualunque in quelli tempi viveva era celebrata, che standosi astratto nelle sue orazioni, vide, mediante quelle, come andando infinite anime di quelli miseri mortali, che nella disgrazia di Dio morivano all'inferno, tutte o la maggior parte si dolevano non per altro, che per aver tolta moglie essersi a tanta infelicità condotte. Donde che Minos e Radamanto, insieme con gli altri infernali giudici, ne avevano maraviglia grandissima. E, non potendo credere queste calunnie, che costoro al sesso femmineo davano, essere vere, e crescendo ogni giorno le querele, e avendo di tutto fatto a Plutone conveniente rapporto, fu deliberato per lui d'aver sopra questo caso con tutti gl'infernali principi maturo esamine, e pigliarne di poi quel partito che fosse giudicato migliore per iscoprire questa fallacia e conoscerne in tutto la verità.

Chiamatoli adunque a concilio, parlò Plutone in questa sentenza:

– Ancor che io, dilettissimi miei, per celeste disposizione e fatale sorte al tutto irrevocabile possegga questo regno, e per questo io non possa essere obligato ad alcuno giudizio o celeste o mondano, non-

---

[1] Niccolò Machiavelli, *Tutte le opere*. - Questa celebre novella, conosciuta anche col titolo *Il demonio che prese moglie*, è l'unica scritta dal Machiavelli oggi nota. Fu pubblicata per la prima volta col nome del suo autore nel 1549.

dimeno, perché gli è maggiore prudenza di quelli, che possono più sottomettersi alle leggi e più stimare l'altrui giudizio, ho deliberato esser da voi consigliato come in un caso, il quale potrebbe seguire con qualche infamia del nostro imperio, io mi debba governare. Perché, dicendo tutte l'anime degli uomini che vengono nel nostro regno essere stata cagione la moglie, e parendoci questo impossibile, dubitiamo che, dando giudizio sopra questa relazione, ne possiamo essere calunniati come troppo creduli e, non ne dando, come manco severi e poco amatori della giustizia. E perché l'uno peccato è da uomini leggieri e l'altro da ingiusti, e volendo fuggire quegli carichi, che da l'uno e l'altro potrebbono dependere, e non trovandone il modo, vi abbiamo chiamati, acciocché, consigliandone, ci aiutiate e siate cagione che questo regno, come per lo passato è vivuto sanza infamia, così per l'avvenire viva. –

Parve a ciascheduno di quegli prìncipi il caso importantissimo e di molta considerazione e, concludendo tutti come egli era necessario scoprirne la verità, erano discrepanti del modo. Perché, a chi pareva che si mandasse uno, a chi più nel mondo, che sotto forma d'uomo conoscesse personalmente questo vero; a molti altri pareva potersi fare senza tanto disagio, costringendo varie anime con vari tormenti a scoprirlo.

Pure, la maggior parte consigliando che si mandasse, s'indirizzarono a questa opinione. E non si trovando alcuno, che volontariamente prendesse questa impresa, deliberarono che la sorte fusse quella che lo dichiarasse. La quale cadde sopra Belfagor arcidiavolo, ma per lo adietro[2], avanti che cadesse dal cielo, arcangelo. Il quale, ancora che mal volentieri pigliasse questo carico[3], nondimeno, costretto da lo imperio di Plutone, si dispose a seguire quanto nel concilio s'era determinato, e obbligossi a quelle condizioni che infra loro solennemente erano state deliberate. Le quali erano: che subito a colui che fosse per

2   In passato.

3   Incarico.

questa commissione deputato fossero consegnati centomila ducati, co'
quali doveva venire nel mondo, e sotto forma d'uomo prender moglie
e con quella vivere dieci anni, e dipoi, fingendo di morire, tornarsene,
e per isperienza far fede a' suoi superiori quali sieno i carichi e le
incommodità del matrimonio. Dichiarossi ancora che durante detto
tempo e' fosse sottoposto a tutti li disagi e a tutti quelli mali, che sono
sottoposti gli uomini e che si tira dietro la povertà, le carceri, la malattia e ogni altro infortunio nel quale gli uomini incorrono, eccetto se
con inganno o astuzia se ne liberasse.

Presa adunque Belfagor la condizione e i danari, ne venne nel
mondo; e ordinato di sua masnade cavagli e compagni, entrò onora-
tissimamente in Firenze; la qual città innanzi a tutte l'altre elesse per
suo domicilio, come quella che gli pareva più atta a sopportare chi con
arte usuraie essercitasse i suoi danari.

E, fattosi chiamare Roderigo di Castiglia, prese una casa a fitto[4]
nel Borgo d'Ognisanti; e perché non si potessino rinvenire le sue
condizioni, disse essersi da piccolo partito di Spagna e itone[5] in Soria[6]
e avere in Aleppe[7] guadagnato tutte le sue facultà; donde s'era poi
partito per venire in Italia a prender donna in luoghi più umani e alla
vita civile e all'animo suo più conformi.

Era Roderigo bellissimo uomo e mostrava una età di trent'anni;
e avendo in pochi giorni dimostro di quante riccheze abbondasse e
dando esempi di sé d'essere umano e liberale, molti nobili cittadini,
che avevano assai figliole e pochi danari, se gli offerivano. Tra le
quali tutte Roderigo scelse una bellissima fanciulla chiamata Onesta,
figliuola d'Amerigo Donati, il quale ne aveva tre altre insieme con
tre figliuoli maschi tutti uomini[8], e quelle erano quasi che da marito;

---

4   In affitto.

5   Andato.

6   Siria.

7   Aleppo.

8   Già adulti.

e benché fusse d'una nobilissima famiglia e di lui fosse in Firenze tenuto buono conto, nondimeno era, rispetto alla brigata che avea e alla nobilità, poverissimo.

Fece Roderigo magnifiche e splendidissime nozze, né lasciò indietro alcuna di quelle cose che in simili feste si desiderano. Et essendo, per la legge che gli era stata data nell'uscire d'inferno, sottoposto a tutte le passioni umane, subito cominciò a pigliare piacere degli onori e delle pompe del mondo e avere caro[9] d'esser laudato tra gli uomini, il che gli recava spesa non picciola. Oltre a questo non fu dimorato molto con la sua monna[10] Onesta, che se ne innamorò fuori di misura, né poteva vivere qualunque volta la vedeva star trista ed aver alcuno dispiacere.

Aveva monna Onesta portato in casa di Roderigo, insieme con la nobilità e con la bellezza, tanta superbia che non n'ebbe mai tanta Lucifero; e Roderigo, che aveva provata l'una e l'altra, giudicava quella della moglie superiore; ma diventò di lunga maggiore, come prima quella si accorse dell'amore che il marito le portava; e parendole poterlo da ogni parte signoreggiare, sanza alcuna pietà o rispetto lo comandava, né dubitava, quando da lui alcuna cosa gli era negata, con parole villane e ingiuriose morderlo: il che era a Roderigo cagione di inestimabile noia.

Pur nondimeno il suocero, i fratelli, il parentado, l'obbligo del matrimonio e, sopra tutto, il grande amore le portava gli faceva aver pazienza.

Io voglio lasciare ire le grande spese, che, per contentarla, faceva in vestirla di nuove usanze e contentarla di nuove fogge, che continuamente la nostra città per sua naturale consuetudine varia; ché fu necessitato, volendo star in pace con lei, aiutare al suocero maritare l'altre sue figliuole, dove spese grossa somma di danari. Dopo questo, volendo avere bene con quella, gli convenne mandare uno de' fratelli in Levante con panni, ed un altro in Ponente con drappi, all'altro

---

9   Piacere.

10   Madonna, è il titolo che anticamente si dava alle donne maritate.

aprire un battiloro[11] in Firenze, nelle quali cose dispensò la maggiore parte delle sue fortune.

Oltre a questo, ne' tempi di carnesciale[12] e di San Giovanni, quando tutta la città per antica consuetudine festeggia e che molti cittadini nobili e richi con splendidissimi conviti si onorano, per non essere monna Onesta all'altre donne inferiore, voleva che il suo Roderigo con simili feste tutti gli altri superasse.

Le quali cose tutte erano da lui per le sopraddette cagioni sopportate; né gli sarebbono, ancora che gravissime, parute gravi a farle, se da questo ne fusse nata la quiete della casa sua e s'egli avesse potuto pacificamente aspettare i tempi della sua rovina. Ma gl'interveniva l'opposto, perché con le insopportabili spese, l'insolente natura di lei infinite incomodità gli recava, e non erano in casa sua né servi né serventi che, non che molto tempo, ma brevissimi giorni la potessero sopportare; donde ne nascevano a Roderigo disagi gravissimi per non potere tener servo fidato che avesse amore alle cose sue; e, non che altri, quelli diavoli, i quali in persona di famigli[13] aveva condotti seco, più tosto elessero di tornarsene in inferno a stare nel fuoco, che vivere nel mondo sotto l'imperio di quella.

Standosi adunque Roderigo in questa tumultuosa e inquieta vita, e avendo per le disordinate spese già consumato quanto mobile si aveva riserbato, cominciò a vivere sotto la speranza de' ritratti, che di Ponente e di Levante aspettava; e avendo ancora buon credito, per non mancare di suo grado, prese a cambio. E girandogli già molti marchi adosso, fu tosto notato da quelli che in simili esercizi in mercato si travagliano. Ed essendo di già il caso suo tenero, vennero in un sùbito di Levante e di Ponente nuove come l'uno de' fratelli di monna Onesta s'aveva giocato tutto il mobile di Roderigo, e che l'altro, tornando sopra una nave carica di sua mercazia, sanza essersi

---

[11] Laboratorio orafo.

[12] Carnevale.

[13] Servitori.

altrimenti assicurato, era insieme con quella annegato. Né fu prima publicata questa cosa che i creditori di Roderigo si ristrinsero insieme, e giudicando che fussi spacciato, né possendo ancora scoprirsi per non essere venuto il tempo de' pagamenti loro, conclusono che fussi bene osservarlo così destramente, acciò che dal detto al fatto di nascosto non se ne fuggisse.

Roderigo, da l'altra parte, non veggendo al caso suo rimedio, e sapendo quanto la legge infernale lo costringeva, pensò di fuggirsi in ogni modo. E montato una mattina a cavallo, abitando propinquo alla Porta al Prato, per quella se ne uscì. Né prima fu veduta la partita sua, che il romore si levò fra i creditori, i quali ricorsi a' magistrati, non solamente co' cursori[14], ma popularmente si misero a seguirlo.

Non era Roderigo, quando se gli levò dietro il romore, dilungato da la città uno miglio; in modo che, vedendosi a male partito, deliberò, per fuggire più segreto, uscire di strada e atraverso per gli campi cercare sua fortuna. Ma sendo a far questo impedito da le assai fosse che atraversano il paese, né potendo per questo ire a cavallo, si mise a fuggire a piè e, lasciata la cavalcatura in su la strada, attraversando di campo in campo, coperto da le vigne e da' canneti, di che quel paese abbonda, arrivò sopra Peretola a casa Gianmatteo del Brica, lavoratore di Giovanni del Bene, e a sorte trovò Gianmatteo che recava a casa da rodere a' buoi, e se gli raccomandò promettendogli che se lo salvava dalle mani de' suoi nimici, i quali per farlo morire in prigione lo seguitavano, che lo farebbe ricco e gliene darebbe innanzi alla sua partita tal saggio che gli crederebbe; e quando questo non facesse, era contento che esso proprio lo ponesse in mano a' suoi adversari.

Era Gianmatteo, ancor che contadino, uomo animoso, e giudicando non potere perdere a pigliar partito di salvarlo, gliene promise; e cacciatolo in un monte di letame, il quale avea davanti a la sua casa, lo ricoperse con cannucce e altre mondiglie[15] che per ardere avea ragunate.

---

14   Ufficiali giudiziari, guardie.

15   Scarti, parti inutili che si levano via dalle cose che si mondano.

Non era Roderigo appena fornito di nascondersi, che i suoi perseguitatori sopraggiunsero e, per spaventi che facessino a Gianmatteo, non trassero mai da lui che l'avesse visto. Talché passati più innanti, avendolo invano quel dì e l'altro cerco, stracchi[16] se ne tornarono a Firenze.

Gianmatteo adunque, cessato il rumore e trattolo del luogo dov'era, lo richiese della fede data[17]. Al quale Roderigo disse:

– Fratel mio, io ho con teco un grande obbligo e lo voglio in ogni modo soddisfare; e perché tu creda che io possa farlo, ti dirò chi io sono. –

E quivi gli narrò di suo essere e delle leggi avute all'uscire d'inferno e della moglie tolta; e di più gli disse il modo col quale lo voleva arricchire, che in somma sarebbe questo, che, come ei sentiva che alcuna donna fussi spiritata[18], credesse lui essere quello che le fussi addosso, né mai se n'uscirebbe s'egli non venisse a trarnelo, donde avrebbe occasione di farsi a suo modo pagare da' parenti di quella. E, rimasi in questa conclusione, sparì via.

Né passarono molti giorni, che si sparse per tutta Firenze, come una figliuola di messer Ambrogio Amedei, la quale aveva maritata a Buonaiuto Tebalducci, era indemoniata. Né mancarono i parenti di farvi di quelli rimedi, che in simili accidenti si fanno, ponendole in capo la testa di san Zanobi e il mantello di san Giovanni Gualberto, le quali cose tutte da Roderigo erano uccellate[19]. E, per chiarire ciascuno come il male della fanciulla era uno spirito e non altra fantastica imaginazione, parlava in latino e disputava delle cose di filosofia[20] e scopriva i peccati di molti; intra i quali scoperse quelli d'un frate che s'aveva tenuta una femmina vestita ad uso di fraticino più di quattro anni nella sua cella, le quali cose facevano maravigliare ciascuno.

---

[16] Stanchi.

[17] Gli chiese di mantenere la parola data.

[18] Indemoniata.

[19] Derise, prese in giro.

[20] Filosofia.

Viveva pertanto messer Ambrogio mal contento, e avendo invano provati tutti i rimedi, aveva perduta ogni speranza di guarirla, quando Gianmatteo venne a trovarlo e gli promise la salute de la sua figliuola, quando gli voglia donare cinquecento fiorini per comperare un podere a Peretola.

Accettò messer Ambrogio il partito, donde Gianmatteo, fatte dire prima certe messe e fatte sue cerimonie per abbellire la cosa, s'accostò agli orechi della fanciulla e disse:

– Roderigo, io sono venuto a trovarti perché tu m'osservi la promessa. –

Al quale Roderigo rispose:

– Io sono contento, ma questo non basta a farti ricco; e però, partito che io sarò di qui, entrerò nella figliuola di Carlo re di Napoli, né mai n'uscirò senza te. Fara'ti allora fare una mancia a tuo modo, né poi mi darai più briga[21]. –

E detto questo s'uscì da dosso a colei con piacere e ammirazione di tutta Firenze.

Non passò dipoi molto tempo, che per tutta Italia si sparse l'accidente venuto a la figliuola del re Carlo. Né trovandosi il remedio de' frati valevole, avuta il re notizia di Gianmatteo, mandò a Firenze per lui. Il quale, arrivato a Napoli, dopo qualche finta cerimonia la guarì. Ma Roderigo, prima che partisse, disse:

– Tu vedi, Gianmatteo, io t'ho osservate le promesse d'averti arrichito. E però, sendo disobligo[22], io non ti sono più tenuto di cosa alcuna. Pertanto sarai contento non mi capitare più innanzi, perché, dove io ti ho fatto bene, ti farei per lo avvenire male. –

Tornato adunque a Firenze Gianmatteo ricchissimo, perché aveva avuto dal re meglio che cinquantamila ducati, pensava di godersi quelle richezze pacificamente, non credendo però che Roderigo pensasse d'offenderlo. Ma questo suo pensiero fu subito turbato da una nuova che venne, come una figliuola di Lodovico VII, re di Francia,

---

[21] Noia, fastidio.

[22] Non essendo più a te obbligato.

era spiritata. La quale nuova alterò tutta la mente di Gianmatteo, pensando all'autorità di quel re e alle parole che gli aveva Roderigo dette.

Non trovando adunque il re alla sua figliuola rimedio, e intendendo la virtù di Gianmatteo, mandò prima a richiederlo semplicemente per uno suo cursore[23]; ma, allegando quello certe indisposizioni, fu forzato quel re a richiederne la Signoria, la quale forzò Gianmatteo ad ubbidire.

Andato pertanto costui tutto sconsolato a Parigi, mostrò prima al re come egli era certa cosa che per lo addietro aveva guarita qualche indemoniata, ma che non era per questo ch'egli sapesse o potesse guarire tutti, perché se ne trovano di sì perfida natura che non temono né minacce, né incanti, né alcuna religione; ma con tutto questo era per fare suo debito e, non gli riuscendo, ne domandava scusa e perdono. Al quale il re turbato disse che se non la guariva, che lo appenderebbe[24]. Sentì per questo Gianmatteo dolor grande; pure, fatto buon cuore, fece venire l'indemoniata e, accostatosi all'orecchio di quella, umilmente si raccomandò a Roderigo, ricordandogli il benificio fattogli e di quanta ingratitudine sarebbe esempio se l'abbandonasse in tanta necessità. Al quale Roderigo disse:

– Deh! villano traditore, sì che tu hai ardire di venirmi innanzi? Credi tu poterti vantare d'esser arricchito per le mie mani? Io voglio mostrar a te e a ciascuno come io so dare e tòrre ogni cosa a mia posta, e innanzi che tu ti parta di qui, io ti farò impiccare in ogni modo. –

Donde che Gianmatteo, non veggendo per allora rimedio, pensò di tentare la sua fortuna per un'altra via e, fatto andar via la spiritata, disse al re:

– Sire, come vi ho detto, e' ci sono di molti spiriti che sono sì maligni che con loro non s'ha alcun buon partito, e questo è uno di quelli. Pertanto io voglio fare una ultima sperienza; la quale se gioverà, la Vostra Maestà e io aremo l'intenzione nostra; quando non giovi, io

---

23 Corriere.

24 Che lo avrebbe impiccato.

sarò nelle tue forze, ed arai di me quella compassione che merita l'innocenza mia. Farai pertanto fare in su la piaza di Nostra Dama[25] un palco grande e capace di tutti i tuoi baroni e di tutto il clero di questa città; farai parar il palco di drappi di seta e d'oro; fabbricherai nel mezzo di quello uno altare; e voglio che domenica mattina prossima tu col clero, insieme con tutti i tuoi principi e baroni, con la real pompa, con splendidi e ricchi abbigliamenti, conveniate sopra quello, dove, celebrata prima una solenne messa, farai venire l'indemoniata. Voglio, oltre a questo, che da l'un canto de la piazza sieno insieme venti persone almeno, che abbino trombe, corni, tamburi, cornamuse, cembanelle, cemboli e d'ogn'altra qualità romori, i quali, quando io alzerò un cappello, dieno in quegl'instrumenti, e, sonando, ne vengano verso il palco. Le quali cose, insieme con certi altri segreti rimedi, credo che faranno partire questo spirito. –

Fu sùbito da il re ordinato tutto; e, venuta la domenica mattina e ripieno il palco di personaggi e la piaza di popolo, celebrata la messa, venne la spiritata condotta in sul palco per le mani di due vescovi e molti signori. Quando Roderigo vide tanto popolo insieme e tanto apparato, rimase quasi che stupido, e fra sé disse:

– Che cosa ha pensato di fare questo poltrone di questo villano? Cred'egli sbigottirmi con questa pompa? Non sa egli che io sono uso a vedere le pompe del cielo[26] e le furie dello inferno? Io lo castigherò in ogni modo. –

E, accostandosegli Gianmatteo e pregandolo che dovessi uscire, gli disse:

– Oh, tu hai fatto il bel pensiero! Che credi tu fare con questi tuoi apparati? Credi tu fuggir per questo la potenza mia e l'ira del re? Villano ribaldo, io ti farò impiccare in ogni modo. –

E così ripregandolo quello, e quell'altro dicendogli villania, non parve a Gianmatteo di perdere più tempo. E fatto il cenno con il cap-

---

[25] Nôtre Dame.

[26] Belfagor infatti, ci dice Machiavelli all'inizio del racconto, era stato arcangelo prima di diventare arcidiavolo.

pello, tutti quelli, ch'erano a romoreggiare deputati, diedero in quelli suoni, e con romori che andavano al cielo ne vennero verso il palco. Al quale romore alzò Roderigo gli orechi e, non sapendo che cosa fosse, e stando forte maravigliato, tutto stupido domandò Gianmatteo che cosa quella fosse. Al quale Gianmatteo tutto turbato disse:

– Ohimè, Roderigo mio! quella è la moglie tua che ti viene a ritrovare. –

Fu cosa maravigliosa a pensare quanta alterazione di mente recasse a Roderigo sentire ricordare il nome della moglie. La quale fu tanta che, non pensando s'egli era possibile o ragionevole che la fosse dessa[27], senza replicare altro, tutto spaventato, se ne fuggì lasciando la fanciulla libera, e volle più tosto tornarsene in inferno a render ragione delle sue azioni, che di nuovo con tanti fastidi, dispetti e periculi sottoporsi al giogo matrimoniale.

E così Belfagor, tornato in inferno, fece fede[28] de' mali che conduce in una casa la moglie e Gianmatteo, che ne seppe più che il diavolo, si ritornò tosto lieto a casa.

---

27 Se fosse proprio lei.

28 Rese testimonianza.

Tomasone Grasso, l'usuraio[29]

Fu ne la città nostra di Milano, non è gran tempo, uno chiamato Tomasone Grasso[30], il quale a' suoi tempi avanzò in prestar danari ad usura quanti usurai mai furono innanzi a lui, onde ne divenne oltra misura ricchissimo. Nondimeno, per nasconder il suo vizio, egli ogni dì era il primo ad entrar in chiesa e di sua mano a quanti poveri ci erano dava un imperiale per elemosina; udiva due o tre messe e altre simili dimostrazioni faceva: di modo che chi conosciuto non l'avesse si sarebbe creduto che egli fosse stato il più catolico e santo uomo di Milano. Quando poi si predicava, egli mai non perdeva nessun sermone, ma, sempre di rimpetto al predicatore mettendosi, il tutto con sommissima attenzione udiva.

Venne a predicar in Milano fra Bernardino da Siena, in quei tempi predicatore famosissimo, che poi fu da la santa madre Chiesa nel numero dei santi collocato; e poiché era d'età già vecchio ed appo tutti in opinione d'esser, come era, uomo santissimo, tutta la città concorreva ai suoi sermoni, di modo che in breve acquistò appo grandi e piccioli credito grandissimo.

Tomasone non lasciava giorno che non l'andasse a udire; ed avendolo sentito dodici o più sermoni, deliberò, veggendo che non predicava contra gli usurai, andarlo a visitare, e v'andò.

Era Tomasone un uomo di venerabile presenza e autorità, e vestiva molto civilmente. Fra Bernardino, visitato da costui, lo raccolse amorevolmente e con lui entrò in onesti e santi ragionamenti, essendosi

---

[29] Matteo Bandello, *Novelle*, parte III, novella LIII.

[30] Tommaso Grassi, mercante e finanziere milanese, fu il fondatore della più antica scuola popolare ambrosiana. Nel 1473, infatti, per espiare una condanna arcivescovile per la conclamata attività di usuraio, Tommaso Grassi fece testamento a favore del Luogo Pio Quattro Marie, uno dei più importanti consorzi elemosinieri cittadini, affinché fossero fondate le Scuole Grassi, una scuola gratuita per 250 fanciulli «*pauperes et inhabiles ad se manutenendum et ad discendum gramaticham*». La scuola prese avvio nel 1482, anno della morte del Grassi, e fu soppressa nel 1787. La novella del Bandello si riferisce a un fatto antecedente al testamento.

posti a sedere. Tomasone faceva da ser Ciappelletto[31] e si mostrava tutto religioso e zelante de l'onor di Dio e de la salute de l'anime. Onde, dopo molti ragionamenti, egli al santo frate in questo modo parlò:

– Padre riverendo, tutti noi milanesi abbiamo un infinito obligo al nostro Redentore messer Giesù Cristo, che abbia inspirato la vostra santissima religione a mandarvi in questa nostra città a predicare, perciò che mediante la grazia del Salvatore io spero che le vostre predicazioni faranno bonissimo frutto e saranno cagione d'emendare la mala vita di molti, che vivono discorrettamente. Regnano in questa nostra città dei vizi e peccati assai, ma più che vizio alcuno che ci sia, v'è il maladetto peccato de l'abominevole usura, e molti ci sono che altro mestiero non fanno. Io, mosso da carità, ve l'ho voluto dire, a ciò che nei vostri fruttuosi sermoni possiate talora riprender questo scelerato vizio e diradicarlo da questa città. –

Il santo uomo, che altrimenti non conosceva chi fosse Tomasone, e buono e leale gentiluomo lo giudicava, lo ringraziò assai ed essortò a perseverare in buon proposito. Poi cominciò ferventissimamente a predicare contra il vizio de l'usura, di maniera che in tutte le prediche altro mai non faceva che biasimare e riprendere chi prestava ad usura; il che agli auditori non poco di fastidio generava. Onde, essendo da alcuni uomini da bene visitato, fu avvertito che non s'affaticasse tanto contra gli usurai, ma seguitasse il suo solito modo di predicare.

– Non vi meravigliate di questo, – disse il santo frate – perciò che io sono stato spinto da quel gentiluomo vestito di pavonazzo[32], che ogni dì mi sta a sedere per iscontro quando io predico. –

E dati alcuni altri contrasegni[33], fu da tutti conosciuto che egli era Tomasone Grasso. Onde uno di quelli:

– Oimè, – disse – che è ciò che io sento? Costui, padre, che dite, è il maggior usuraio che in tutta Italia sia, e in questa città non si troverà

---

31 Bandello allude all'ipocrisia del celebre personaggio della novella di Boccaccio.

32 Di color violaceo scuro.

33 Dati caratteristici.

chi presti ad usura se non egli. Ed io per me più volte, astretto[34] da' bisogni, ho preso con grandissimi interessi danari da lui. –

Udendo fra Bernardino questa cosa, restò fuor di modo pieno di meraviglia; e volendo certificarsi[35], mandò per lui[36], il quale subito venne. Il santo frate entrò seco in ragionamento e venne a dirgli che egli era un grande usuraio e che, essendo così, molto si meravigliava che egli l'avesse stimolato con tanta istanzia a predicar contra l'usura.

– Per questo, – rispose allora Tomasone – venni io a pregarvi ed esortarvi che voi predicaste contra l'usura, perché vorrei esser solo a questo mestiero, per guadagnar più danari. E chi v'ha detto che altri non ci sia che io, che presti a usura, s'inganna, ed io lo so, ché da qualche giorno in qua non guadagno la metà di quello che io soleva guadagnare, il che mi fa conoscere che altri ci siano così savi come io, che anco essi attendono al danaro. E dicovi, padre mio, che chi non ha danari, e pur assai, è una bestia. Voi siete, perdonatemi, poco pratico de le cose del mondo, e il viver vostro è a un modo e il nostro a un altro. E la somma del tutto è questa: che conviene, a chi vuole esser riputato e fra gli altri onorato, aver danari. Sia pur l'uomo nasciuto nobilissimamente e de la casa dei Vesconti, che è la casa del nostro signor duca: se non averà danari, non sarà di lui tenuto conto alcuno. Io ho qualche pochi danari, che non pensaste ch'io fossi tutto oro, e se vado in castello per parlar al duca, subito son fatto entrare, se ben egli fosse in letto, perché quando ha avuto bisogno di ducento e trecento migliaia di ducati, io l'ho servito con quel profitto[37] che tra lui e me s'è accordato. Non ci è anco gentiluomo o cittadino o mercante o povero in questa città che non mi onori, perché io faccio servigio a tutti. Direte mò voi che io deverei prestar i miei danari senza premio alcuno[38]. Padre mio, cotesto modo di prestar non si costuma e non

---

34 Costretto.

35 Volendo assicurarsi di quanto affermato.

36 Lo fece chiamare.

37 Interesse.

38 Senza alcun interesse.

sarebbe il fatto mio. Io voglio il pegno in mano e voglio che i miei danari tornino a casa con guadagno. Basta a me ch'io non sforzo nessuno, né astringo a venire a tôrre danari in prestito da me. E perché l'avere danari è una cosa che senza fine allegra il core, e quanto più se n'ha tanto più cresce l'allegrezza, io mi mossi, quando vi parlai, a pregarvi che voi predicaste contra gli usurai, a ciò ch'io solo tutto il guadagno avessi. –

Si sforzò il santo frate con verissime e sante ragioni di voler levar questa fantasia di capo a Tomasone, ed assai gli predicò, mostrandogli negli Evangeli che Cristo nostro Salvatore di bocca sua comanda che si debba prestar danari al prossimo senza speranza di cavarne uno spilletto. Egli puotè allegare la ragione civile e la canonica[39] e il Testamento vecchio col nuovo, ma niente profittò, perciò che Tomasone perseverava ostinato nel suo proposito. Strinsesi il santo frate ne le spalle di compassione, udendo così fatte risposte di Tomasone, e da sé licenziatolo, pregò nostro signor Iddio che gli occhi de la mente gli illuminasse.

E poi che di Tomasone tanto ve n'ho detto, vi dirò ancora un fioretto che, poco innanzi a questo ragionamento che fece col santo frate, avvenne.

Andava, come avete già inteso, Tomasone ogni dì a la predicazione, e avendo fra Bernardino gagliardamente predicato contra gli usurai, un povero calzolaio, che era ito per pigliar danari in prestito da lui, finito che fosse il sermone, sentendo così acerbamente gridar il frate contra l'usura, si smarrì. E tornando Tomasone a casa, non ardiva ricercarlo, ma dietro passo passo lo seguitava. Veggendolo, Tomasone gli disse:

– Compagno, vuoi nulla da me? –

– Io vorrei bene qualche cosa, – rispose il calzolaio – ma non ardisco a chiedervi, avendo sentito il frate sì fieramente garrire contra gli usurai; e dubito che voi non siate convertito e più non vogliate prestare. –

Disse allora Tomasone:

---

39 Il diritto civile e quello canonico.

– Dimmi, che mestiero è il tuo? –

– Io sono calzolaio – rispose egli.

– Sta bene, – disse Tomasone – tu sei stato al sermone e vai a bottega: che mestiero sarà ora il tuo? –

– Sarò calzolaio, – rispose il povero uomo – perché non so far altro mestiero. –

– Ed io – soggiunse Tomasone – sarò prestatore, perché altro esercizio non ho per le mani. – E gli diede quei danari che volle.

Questo è quel Tomasone che poi si convertì e restituì tutto il mal tolto, certo ed incerto, e lasciò tante elemosine e cose pie, che tutto 'l dì in Milano si fanno; il quale, se visse male, almeno, per quello che si può giudicare, morì bene e da cristiano.

LA MORTA E LA SCIMMIA[40]

Al tempo che lo sfortunato duca Lodovico Sforza[41] governava il ducato di Milano, per quanto già mi narrò mio padre, che era capo di squadra ne la guardia del castello de la città di Milano, era in detto castello una simia[42] molto grossa che, per esser piacevole, ridicola e non far mai danno a nessuno, non si teneva legata, ma, lasciata in libertà, andava per tutto il castello. E non solamente in castello, ma usciva fuori e ne le case de le contrade Maine, di Cusano e di San Giovanni sul muro conversava molto spesso. Ciascuno le faceva carezze e le dava de le frutte e altre cose a mangiare, sì per rispetto del duca, come anco perché era piacevolissima e faceva mille cose e giuochi da ridere, senza far male né morder persona.

Ora, tra l'altre case ove frequentava più, era la casa d'una vecchia gentildonna, che aveva l'abitazione ne la contrada de la parrocchia di San Giovanni sul muro. Aveva la buona donna dui figliuoli, dei quali il primo era maritato, e molto volentieri vedeva la simia andar per casa e sempre le dava alcuna cosa da mangiare, e si prendeva grandissimo piacere de le sciocchezze che la simia faceva, e scherzava sovente seco come con un cagnolino averebbe fatto.

I figliuoli, che vedevano la vecchia madre loro, che quasi era decrepita, tanto volentieri trastullarsi con quella bestiola, ne prendevano somma contentezza, come buoni e amorevoli figliuoli ch'erano; e se essa simia fosse stata d'altri che del signor duca, l'averiano più che volentieri per ricreazione de la madre comperata. Onde comandarono in casa a tutti che nessuno avesse ardire di batter né molestare la buona simia, ma che tutti le facessero carezze e le dessero da mangiare. Per questo la simia frequentava più la casa de la vecchia che l'altre dei vicini, perché in quella era meglio trattata e vi ritrovava

---

[40] Matteo Bandello, *Novelle*, parte III, novella LXV.

[41] Ludovico Sforza (1452 - 1508), detto il Moro, signore di Milano dal 1494 al 1500 in seguito alla deposizione del nipote Gian Galeazzo, a sua volta deposto dal re di Francia Luigi XII.

[42] Scimmia.

miglior pastura. Ogni sera però ella tornava in castello al suo consueto albergo e covile.

Ora, avvenne che la buona vecchia, consumata dagli anni e anco inferma, cominciò a non uscire di letto. I figliuoli facevano attender[43] a la madre con ogni diligenza, e di medici, medicine e cose ristorative non le mancavano in conto alcuno.

La simia secondo il suo solito[44] frequentava la casa, e fu menata[45] ne la camera ove l'inferma giaceva, la quale mostrava d'aver gran piacere di veder essa simia e cominciò a darle di molti confetti. Sapete naturalmente coteste bestiole esser fortemente ghiotte de le cose dolci, e massimamente amar le confetture. Il perché monna simmia era quasi di continovo[46] al letto de la buona vecchia e mangiava assai più confetto che non faceva l'inferma, la quale, essendo fieramente da la infermità aggravata e dagli anni consunta, dopo l'essersi confessata e riceuti[47] i santi sagramenti de la Chiesa, la communione e l'estrema unzione, passò a meglior vita.

Ora, mentre che la pompa de le essequie si preparava, secondo la consuetudine di Milano, le donne lavarono il corpo de la morta e con la cuffia e bende le abbigliarono il capo come ella era solita, e poi la vestirono. Stette sempre monna simia presente al tutto. Come il corpo fu vestito, fu ne la funebre bara deposto; né guari[48] si stette che la chieresia[49] invitata venne e con le solite ambrosiane cerimonie a torno ad essa bara si celebrò l'officio, e poi, levato il corpo, fu portato a la parrocchia non molto lontana. Mentre queste cose si facevano, monna bertuccia attese a votar le scatole e gli alberelli che erano su la tavola. E poi che a suo bell'agio s'ebbe empito il corpo, le montò uno strano

---

43 Accudire.

44 Come d'abitudine.

45 Portata.

46 Di continuo.

47 Ricevuti.

48 Non molto.

49 Clero.

capriccio in capo, come le suole sovente avvenire de le cose che simil bestie sogliano veder fare.

Aveva ella, come v'ho detto, veduto acconciar il capo a la morta vecchia, quando la volevano metter ne la bara. Il perché la buona simia, presa quella cuffia e quelle bende sucide[50] che sovra il letto erano rimase, avendo con quelle di bucato le donne acconcia la vecchia, ella cominciò ad abbigliarsi con le restate bende e cuffia il suo capo, come avevano le donne fatto a la morta, di modo che pareva che cento anni avesse fatto quel mestiero. Indi si corcò[51] nel letto e con sì bel garbo vi si mise, coprendosi, che pareva a punto[52] la madonna che in letto riposasse.

Vennero le fantesche[53] di sopra per nettar la camera e dar ordine a le cose che dentro v'erano; ma come videro la bertuccia in letto, parve loro senza dubio veruno veder la vecchia morta. Il perché, fieramente turbate e spaventate, dando grandissimi gridi, con gran fretta scesero a basso e dissero la donna morta esser in letto e stare come prima soleva.

Erano di poco ritornati da la chiesa i dui fratelli e seco si trovavano alcuni loro parenti. Di brigata adunque salirono le scale ed entrarono in camera; e ancora che avessero grand'animo per esser in compagnia, nondimeno a tutti se gli arricciarono i capelli in capo di paura, e subito, stupidi e pieni di grandissimo spavento, discescro a basso. E poi che alquanto la paura cessò, mandarono a chiamar il loro parrocchiano, facendogli intender il caso che era intervenuto.

Il buon prete, che era persona da bene e divota, fece dal chierico suo pigliar la croce e l'acqua santa, ed egli con la cotta[54] e la stola[55] al

---

[50] Sudicie.

[51] Coricò.

[52] Sembrava proprio.

[53] Serve, domestiche.

[54] Corta sopravveste bianca con mezze maniche, adorna di merletti, che portano i sacerdoti durante le funzioni religiose.

[55] Larga e lunga striscia di seta o di lana, sovente ricamata con vari simboli religiosi, che il

collo se ne venne, cominciando a dir i sette salmi con varie orazioni. Come fu entrato in casa, confortò i fratelli, essortandogli a non temere, perché conosceva molto bene la madre loro già lungo tempo, e che l'aveva confessata infinite volte e che certamente era donna da bene. Disse loro poi che se in camera avevano veduto cosa alcuna, o che s'erano ingannati nel vedere, come spesso avviene, o che per avventura erano illusioni diaboliche; ma che stessero di buon animo, ché egli benediria tutta la casa e con gli essorcismi costringeria, con l'aiuto di nostro signore Dio, gli spiriti e gli faria andar altrove. Cominciando poi a dire sue orazioni, prese l'aspersorio e con l'acqua santa andava aspergendo per tutto. Così col chierico suo salì in alto, non ci essendo persona che volesse o, per dir meglio, osasse accompagnarlo.

Come egli fu in camera e vide monna bertuccia che se ne stava in un gran contegno, se gli rappressentò la vecchia morta e seppelita, ed ebbe pure un poco di paura; nondimeno, fatto buon animo, s'accostò assai vicino al letto e, avendo l'aspersorio[56], cominciò a dire: – *Asperges me, Domine* – e gettar de l'acqua a dosso a la simia.

Ella, come vide il prete dimenar l'aspersorio quasi in forma di volerla battere, cominciò a digrignare i denti e battergli insieme. Il che veggendo il domine e fermamente credendo esser alcuno spirito, ebbe grandissima paura e, lasciato cascar l'aspersorio, si mise a fuggire. Ma prima di lui il suo chierico, gettata per terra la croce e l'acqua santa, se ne fuggì giù per la scala con tanta fretta che, cadendo, andò giù a gambe riverse, ed il prete dietro a lui, di tal maniera che anco egli cadette a dosso al suo chierico, e andarono tomando[57] a l'ingiù, come fanno le glomerate anguille nel lago di Garda, dagli antichi chiamato Benaco, quando esse, come dicono i paesani, "vanno in amore".

Teneva pur detto messer lo prete:

– *Iesus, Iesus! Domine, adiuva me.* –

---

     sacerdote mette al collo sopra la cotta nelle sacre funzioni.

56 Strumento per aspergere con l'acqua benedetta; è a forma di pennello o di pomo traforato dentro cui è chiusa una spugna intrisa d'acquasanta.

57 Tombolando, cadendo col capo all'ingiù.

Al romore che i dui caduti giù per la scala facevano, corsero i dui fratelli con gli altri che in casa erano, ed aggiunsero in quella che essi, mezzo sciancati, erano al fondo tombati. Gli dimandavano i dui fratelli che cosa fosse questa e ciò che gli era accaduto. Pareva il prete col suo chierico, a guardarlo in viso, che fosse stato tratto alor alora[58] fuor di sepoltura, sì era pallido e smarrito; di modo che stette buona pezza che mai non puoté formar parola. Medesimamente il chierico pareva spiritato e aveva rotto il viso in più di tre luoghi. A la fine il buon prete, che si sentiva rotta tutta la persona, tratto un grandissimo sospiro, disse tremando:

– Oimè, i miei figliuoli, ché io ho visto il demonio in forma di madonna vostra madre! –

Monna bertuccia, che era uscita fuori del letto, s'era messa a visitar le scatole dei confetti, e saltellando scese giù da la scala in quello[59] che il domine aveva cominciato a parlare. Ella aveva in capo la cuffia e bende de la vecchia e involte al corpo alquante pezze di tela. Come fu in fondo de la scala, ella saltò nel mezzo di quelli che quivi erano e fu quasi per farli fuggir di paura, perciò che in effetto in viso rassembrava a la morta vecchia. Ma, riconosciuta da uno dei fratelli, fu cagione che la paura degli astanti si convertisse in riso, e tanto più gli faceva ridere, che ella in quell'abito cominciò a trescare[60] e saltellare or qua ora là, facendo i più strani atti del mondo. Né contenta d'aver trastullato quelli che prima aveva spaventato, ella, saltellando, né si volendo a nessuno lasciar prendere, facendo mille moresche[61] se n'uscí di casa e con quell'abito a torno se ne corse in castello, facendo molto ridere tutti quelli che la videro. E secondo che in casa dei dui fratelli si deveva star di mala voglia, come loro si rapprensentava la bertuccia con quegli atti ridicoli, erano tutti sforzati a ridere, gabbandosi l'uno e l'altro de la paura che avuta avevano.

---

58 Appena tratto.

59 Mentre.

60 Ballare la tresca, agitare confusamente mani e piedi.

61 Sorta di danza.

Fulvio e Cecantonio[62]

Fu adunque in Tigoli, antichissima città de' Latini, un gentile uomo chiamato Cecantonio Fornari, al quale allor cadde in pensiero di tòr moglie quando gli altri ne sogliono aver mille rincrescimenti; e, come è usanza degli attempati, e' non la voleva se la non era giovane e bella; e véneli fatto, imperò che uno de' Coronati chiamato Giusto, uomo per altro assai ricipiente[63], trovandosi agravato di molte figliuole, per fuggir la 'ngordigia delle dote gnene diede una bella e gentilesca; la quale, veggendosi maritare ad un vechio rimbambito e privarsi di quei piaceri per li quali ella aveva bramato tanto tempo di abbandonar la propria casa, lo amor del padre e le careze della madre, fortemente se ne turbò; e tanto le venne finalmente in fastidio la bava, il tossire e gli altri trofei della vechiaia di questo suo marito, che la pensò trovarci qualche riparo[64]; e messosi in animo ogni volta che le venisse in acconcio[65] prendersi qualcuno che meglio provedesse a' bisogni della sua giovaneza che non aveva saputo fare il padre medesimo; al cui pensiero molto più le fu favorevole la fortuna che ella medesima non averebbe saputo addomandare.

Imperò che essendo andato a Tigoli una state[66] per via di diporto[67] un giovane romano chiamato Fulvio Macaro insieme con uno amico suo chiamato Menico Coscia, e' gli venne più volte veduta questa giovane; e parendole bella la sì come era, di lei ferventemente si innamorò; e conferendo[68] questo suo amore con quello Menico, quanto più poté il meglio si gli raccomandò. Menico, che era uno uomo da

---

62 Agnolo Firenzuola, *I ragionamenti*, giornata I, novella II.

63 Dotato di mezzi finanziari.

64 Rimedio.

65 Ogni volta che ne avesse l'opportunità.

66 Estate.

67 In gita di piacere.

68 Ragionando, trattando.

trar le mani d'ogni pasta, sanza repricar molte parole gli disse che stesse di buona voglia imperò che quando egli si diliberasse seguire in tutto e per tutto il parer suo e' gli dava il cuore di fare in modo che egli si ritroverrebbe con la giovane a piacer suo.

Ben sapete che Fulvio, che non aveva altro disiderio che questo, non stette a dire: «Torna domani»; ma sùbito gli rispose che era presto[69] a fare ogni cosa purché con presteza procedesse al mal suo.

– Io ho udito dire – seguitò Menico allora – che 'l marito della tua donna cerca d'una fanciulletta di quattordici in quindici anni per tenerla a' servigi di casa e maritarla poi in capo ad un certo tempo, come s'usa ancora in Roma; laonde[70] io ho fatto pensiero che tu sia tu quello che vadi a star con esso lui per tutto quel tempo che ti piacerà; e odi come. Questo nostro vicino qui da Tagliacozo che alcuna fiata[71] ci fa qualche servigio, come tu sai è molto mio amico; ragionandosi egli ier mattina meco[72], e' mi disse, a non so che proposito, che e' gli aveva imposto che e' gnene trovasse una; per che fare egli era diliberato andar fra pochi dì sino a casa sua e veder di menargnela. Egli è povero uomo e fa piacere volentieri alle persone da bene; sì che io non dubito punto che con ogni poco beveraggio che si gli dia e' non sia per far tutto quello che noi vorremo. Potrà adunque costui infingersi di essere andato a Tagliacozo, e di qui a venti dì o un mese tornando e avendoti vestito a guisa[73] d'una di quelle villanelle e mostrando che tu sia una qualche sua parente, metterti in casa della tua donna; dove, se poscia non ti bastasse l'animo di mandare lo avanzo ad esecuzione, ti potresti doler poi di te medesimo. E a tutto questo ci aiutarà l'esser tu di pel bianco e sanza segno alcuno di avere a metter barba di questi dieci anni e l'avere il viso femminile, in modo che i più, come

---

[69] Pronto.

[70] Per la qual cosa.

[71] Da qualche tempo.

[72] Con me.

[73] In forma di, come.

tu sai, credono che tu sia una femina vestita da uomo; e inoltre, per esser stata la tua balia di quel paese so che saprai parlare assai bene all'usanza di quei villani. –

Aconsentì al tutto il povero innamorato e mille anni gli pareva che la cosa avesse effetto; anzi già gli era aviso di ritrovarsi con lei ad aiutarla far le sue bisogne; e tanto poteva la immaginazione che egli si contentava di quello che aveva ad essere non altrimenti che se egli fusse in verità. Sì che sanza dar punto indugio alla cosa, ritrovato il villano, che presto fu contento del tutto, diedero ordine a ciò che si avesse da fare. Né passò un mese, per non ve la allungare, che Fulvio si trovò in casa della sua donna come sua fanticella[74], e con tanta diligenza la serviva che in breve spazio non solamente Lavinia, che così era il nome della giovane, ma tutta la casa le posero grandissimo amore.

E mentre che Lucia, che così si era fatto chiamar la nuova fante, dimorando in quella guisa aspettava occasione di servirla d'altro che di rifarle il letto, accadde a Cecantonio andare a Roma per dimorare non so che giorni; laonde[75] a Lavinia, vedutasi rimasta sola, venne voglia di menar Lucia a dormir seco[76]. E poscia che ambodue furono la prima sera entrate nel letto e che all'una, tutta contenta della non aspettata ventura, pareva mill'anni che l'altra si addormentasse per ricevere il guiderdone[77] delle sue fatiche mentre ella dormia, l'altra, che forse aveva in fantasia qualcuno che meglio le scoteva la polvere del pelliccione che 'l suo marito, cominciò con grandissimo disio ad abbraciarla e baciarla; e scherzando così come interviene le venne messo le mani là dove si conosce il maschio dalla femmina; e trovando che la non era donna come lei, fortemente si maravigliò e non altrimenti tutta stupefatta tirò 'n un tratto a sé la mano che ella

---

[74] Domestica.

[75] Per la qual cosa.

[76] Con sé.

[77] Ricompensa, remunerazione.

si avesse fatto se sotto ad un cesto di erba avesse ritrovata una serpe all'improviso.

E mentre che Lucia, senza osar di dire o far cosa veruna, attendeva l'esito di questa cosa, Lavinia, dubitando quasi che la non fusse dessa[78], la cominciò a guardar fiso fiso come trasecolata; pur veggendo che l'era Lucia, senza attentarsi di dirle niente, dubitando che non le fusse forse paruto quello che non era, volse di nuovo metter le mani a così fatta maraviglia; e trovando quello che l'aveva trovato la prima volta, stava intra due[79], s'ella dormiva o s'ell'era desta; poi, pensando che forse il toccare la poteva ingannare, levata la coperta del letto volse vedere cogli ochi il fatto tutto intero. Per che non solamente vidde con gli ochi quello che l'aveva tocco con mano, ma scoperse una massa di neve in forma di uomo tutta colorita di fresche rose; in modo che la fu costretta lasciare andar tante maraviglie e credersi che miracolosamente fusse accaduta sì gran trasmutazione acciò che la si potesse sicuramente godere gli anni della sua giovinezza. Laonde tutta baldanzosa vòltasele, disse:

– Deh, che cosa è questa che io veggio stasera con gli ochi miei? Io so pur che poco fa tu eri femmina e or ti veggio esser venuto maschio! Oh, come può essere avenuto questo? Io ho paura di non travedere, o che tu non sia un qualche malo spirito incantato che mi sia venuto inanzi questa sera in cambio de Lucia a farmi venire la mala tentazione. Per certo, che egli mi convien vedere come sta questa faccenda. –

E così dicendo, messasela sotto le fece di quelli scherzi che le volontarose giovani fanno bene spesso a questi pollastroni che son cresciuti inanzi al tempo; e in quella guisa si chiarì che la non era uno spirito incantato e che ella non aveva avuto le travveggole: della qual cosa elle ne prese quella consolazione che voi medesime pensar potete. Ma non crediate però che la ne fusse chiara alla prima volta

---

[78] Lei.

[79] Era indecisa, non capiva.

o anco la terza; percioché io vi posso far fede che, s'ella non dubitava di non la far convertire in spirito da dovero, la non se ne chiariva alla sesta; alla quale poi che la fu arrivata, voltando i fatti in ragionamenti, la cominciò con amorevoli parole a pregare che le dicesse come stava questa bisogna.

Per che Lucia, fattasi dal primo giorno del suo innamoramento per insino a quell'ora, tutto le raccontò; della qual cosa ella ne fu sopramodo contenta, accorgendosi di essere stata amata da un così fatto giovane in guisa che egli non avesse schifati tanti disagi e pericoli per amor suo. E di queste in mille altre sollazevoli parole trascorrendo e forse ancora alla settima chiareza arrivando, stettero tanto a levarsi che il sole era intrato per le fessure delle finestre; onde parendone lor tempo, poscia che ebbero dato ordine che Lucia il dì in presenza delle brigate si rimanesse femmina, e poi la notte o quando avevono agio d'essere insieme a solo a solo si ritornasse maschio, tutti allegri di camera uscirono.

E continovando questo santo accordo, stettero parechi e parechi mesi sanza che niuno di casa si accorgesse mai di niente. E sarebbe durato gli anni, se non che Cecantonio, ancor che, come io vi disse, fusse assai bene oltre di tempo e il suo asino assai malvolentieri una volta il mese portasse del grano al suo mulino, veggendosi andar questa Lucia per casa e parendogli vaghetta[80], si era diliberato di scaricarne una soma al suo palmento[81], e più volte gnene dette noia; perché ella, che dubitava che e' non avesse a riuscire un dì qualche scandolo, pregò Lavinia per lo amor d'Iddio che le levasse dalle spalle così fatta ricadìa. Or io non vi dico se e' le salse il moscherino e se la ne fece un cantar di cieco la prima volta ch'ella si abboccò con lui; che per un tratto io vi so dire che la li disse manco che messere.

– Guarda – diceva – che fante ardito che vuole far or le pruove da cavalieri! O che diacin[82] faresti tu se tu fussi giovane e gagliardo, che,

---

[80] Graziosa, leggiadra.

[81] Scaricare un carico alla macina del suo mulino.

[82] Diavolo, diamine.

or che tu piatisci co' cimiteri e aspetti ogni dì la sentenzia contro, mi vuoi far così bel fregio in sul viso? Lascia, lascia, vechio pazo, lascia il peccato come egli ha lasciato te; non ti accorgi tu che se tu fussi tutto acciaio tu non faresti la punta ad un ago da Domasco? Oh, e' ti sarà il bello onore quando tu averai condotta questa povera figliuola, che è meglio che il pane, a presso che tu non me lo hai fatto dire: questa sarà la dota, questo sarà il marito! Oh, grande allegreza ne averà il padre e la madre; e come ne sarà lieto il parentado, poiché eglin si accorgeranno di aver dato le pecore in mano de' lupi! Dimmi un poco a me, pessimo uomo: chi facesse così alle cose tue, che te ne parrebb'egli? Come: non mettestù a questi dì a romore il paradiso perché e' mi fu fatta una serenata? Ma sai tu quello che io ti ho da dire? Se tu non attendi ad altro, tu mi farai pensare a di quelle cose che io non ho mai pensato sino a qui. E che sì, e che sì, che tu riderai un dì! Sta pure a vedere che io ti farò trovare quello che tu vai cercando; ché, poi che io veggio che il portarmi bene non mi giova, io vederò pur se e' mi gioverà il portarmi male. In fine chi vuole aver bene in questo mondaccio traditore, e' gli bisogna far male. –

E accompagnando queste ultime parole con quattro lacrimette fatte venir giù per maledetta forza, fece tanto rintenerire il buon vechio che e' le chiese perdonanza e le promesse di non le dir mai più cosa veruna. Ma poco valsero le sue promesse; e se finte furono le lagrime e la fine delle preghiere, finta fu la compassione che elle mossero. Imperocché essendo ivi a non molti giorni andata Lavinia ad un paio di noze che si facevano in casa quei di Tobaldo e avendo lasciata Lucia in casa perché la si sentiva un poco di mala voglia, lo ardito vechione, ritrovandola in non so che parte della casa addormentata, anzi che ella di niente accorgere si potesse le messe le mano sotto e, alzandole i panni per farne il piacer suo, trovò di quelle cose che egli non andava cercando. Per la qual cosa tutto pieno di maraviglia stette un pezo come una cosa balorda; e raviluppandosele intorno mille mali pensieri, con le più brusche parole del mondo la cominciò a domandar che questo fusse.

Lucia, ancora che per li molti minacci e per le strane parole avesse su quel principio un gran capriccio di paura, avendo niente di manco pensato insieme con Lavinia, se mai tal cose fusse intervenuto, la scusa un pezo fa, e sappiendo che egli era un certo buono uomo da credersi così la bugia come la verità e che non era così terribile co' fatti come e' dimostrava con le parole, niente si smarrì; anzi, mostrando di piangere a cald'occhi, lo pregava che gli ascoltasse le sue ragioni. E poi che la fu con alquante miglior parole da lui rassicurata, con una voce tutta tremante e con gli ochi confitti per terra così a dire gli incominciò:

– Sappiate, messer mio, che quando io venni in questa casa (che sia maladetta quell'ora che mai ci messi piè, poi che egli mi ci doveva intervenire così soza cosa), che io non era come io sono al presente; perciò che da tre mesi in qua (o Dio, trista la vita mia!) egli mi è nata questa cosa; e un dì faccendo il bucato che io durai una gran fatica, la cominciò a venirmi fuor piccola piccola, dipoi a poco a poco s'è ita ingrossando talmente che la si è condotta al termine[83] che voi vedete; e se non che io viddi a questi dì un de' vostri nipotini, quel maggiorello, aver questa simil cosa, io mi credeva che fusse un qualche male enfiato[84], perciò che e' mi dà a le volte tanto fastidio che io vorrei inanzi non so io che; e sòmmene[85] tanto vergognata e vergògnomene tuttavia, che io non ho mai avuto ardire dirne niente a veruno[86]; sì che non ci avendo io né colpa né peccato, io vi prego per lo amor d'Iddio e di quella benedetta Nostra Donna dell'Ulivo che voi vogliate aver misericordia del fatto mio e non ne far parola con creatura del mondo; ch'io vi prometto che io vorrei inanzi morire che egli si sapesse d'una povera fanciulla così soza cosa come è questa. –

Il bon vechione, che non sapeva più là che si bisognasse, veggendo piover giù le lacrime a quattro a quattro e udendola dir le ragion sue

---

83 Alle dimensioni.

84 Male gonfiato, un bubbone.

85 Mi sono.

86 Ad alcuno.

tanto acconciamente, cominciò quasi a credere che ella dicesse il vero. Con tutto ciò, perché la gli pareva pure una gran cosa e che e' si rivoltava per lo cervello cotali careze che gli era costumata Lavinia di fare, e' dubitava che non ci fusse sotto magagna e che Lavinia, essendosene accorta, alla barba sua non si fusse goduta così fatta ventura; per la qual cosa e' lla prese addomandar più strettamente s'ella ne aveva mai avuto sentore alcuno.

– Dio me ne guardi! – rispose allora assai arditamente, parendole ormai che la cosa pigliasse buon cammino, – anzi me ne son sempre mai guardata come dalla mala ventura; e dicovi di bel nuovo che io vorrei più presto morire che alcuno ne sapesse cosa del mondo; e se Dio mi scampi di tanto male, eccetto voi e' non lo sa uomo nato; e volesse Iddio, poi che così ha voluto la mia disgrazia, che io potessi tornar come era prima, ché a dirvi il vero io ne ho preso tanto dolore che io son certa d'avermene a morir presto; imperocché oltre alla vergogna che io arò ogni volta che io vi vederò pensando che voi il sappiate, e' mi pare esser la più impacciata cosa del mondo a sentir batter questo presso ch'io non dissi tra gambe. –

– Orsù, fanciulla mia – seguitò il vechione tutto rintenerito – statti così sanza dir niente a persona, ché e' si potrà trovar forse qualche medicina che ti guarrà; lasciane il pensiero a me; ma sopra tutto non dir niente a madonna. –

E così sanza dire altro, avendo il capo pien di confusione da lei si partì e andò a trovare il medico della terra, che si chiamava mastro Consolo, e non so chi altri, per domandar loro di questa cosa.

In questo mezo[87], venuta la fine delle noze, Lavinia se ne ritornò a casa; e inteso da Lucia come eran passate le cose, se la ne fu malcontenta io lo voglio lasciare giudicare a voi; ché io per me credo che questa le fusse più trista novella che non fu quella quando intese di avere un marito così vechio.

Cecantonio, che era andato, come io vi dissi, a 'nformarsi di questa cosa, avendola intesa da chi in un modo e da chi in un altro, se ne

---

[87] Nel frattempo.

tornò a casa più confuso che mai; per che, sanza dir niente ad alcuno
per quella sera, si diliberò la mattina vegnente andarsene a Roma e
cercar di qualche valentuomo che meglio gnene diciferasse; e così
venuto l'altro giorno, la mattina per tempo montato a cavallo se ne
inviò verso Roma. E smontato a casa d'uno amico suo, poi che egli
ebbe fatto un poco di collezione, egli se n'andò allo studio pensando
di trovar là meglio che in altro luogo chi sapesse cavar così fatta pulce
dello orechio; e per buona sorte egli si abbatté in quello amico che gli
aveva fatto condurre Lucia in casa sua, il quale alcuna volta per passar
tempo era usato di praticare in quel luogo; e veggendolo ben vestito
e onorato da molti, e' si pensò che fusse qualche gran bacalare[88]; per
che, trattolo in disparte, e' lo prese segretamente addomandar del
bisogno suo.

Menico, che molto bene conosceva il vechione e subito si accorse
della bisogna, ridendo infra se stesso disse: «A buono ostieri sei
capitato»; e dopo un lungo ragionamento, e' gli diede assai bene ad
intendere che non solamente e' gli era possibile, ma che e' gli era accaduto dell'altre volte; e a cagione che e' gliel credesse più facilmente
e' lo menò in bottega d'un cartolaio chiamato Iacomo di Giunta, e
fattosi dare un Plinio[89] volgare, gli mostrò quello che nel settimo libro
al quarto capitolo e' dica di questo fatto, e simigliantemente gli fece
vedere ciò che Battista Fulgosio[90] ne scriva nel capitolo dei miracoli;
in modo che e' quietò tanto l'animo dello affannato vechio, che, se

---

88 Baccelliere, il termine è qui usato ironicamente per intendere un gran dottore, un sapientone.

89 Si allude alla *Naturalis historia* di Plinio il Vecchio. L'opera, che consta di 37 volumi in cui
    vi è registrato tutto il sapere dell'antichità classica su argomenti molto diversi, durante il
    Rinascimento è stata il testo di riferimento in materia di conoscenze scientifiche. Tra le tante
    materie trattate Plinio si occupò anche di fisiologia e dei problemi di natura sessuale.

90 Battista Fulgosio o Fregoso o Campo Fregoso (1452 - 1504), nobile genovese, nel 1478 diven-
    ne doge di Genova e vi rimase fino al 1483 quando fu spodestato dal cardinale Paolo
    Fregoso, suo zio. Stimato dai suoi contemporanei come valente politico, capitano e letterato,
    cercò sollievo alle sue sventure politiche nella lettura degli scrittori antichi e moderni e,
    giovandosi delle cose che apprese leggendo, compose l'opera *De dictis factisque,* nove libri
    di fatti e detti memorabili.

fusse venuto tutto il mondo, e' non gli avrebbe mai potuto dare a credere che la cosa fusse potuta essere in altra guisa.

Or poi che Menico si accorse che gli era così bene entrato nel pecoreccio[91] che e' non era per uscirne ad otta[92], d'uno in altro ragionamento trapassando, perciò che la assenzia di Fulvio faceva molto a proposito suo e' gli cominciò a persuadere che e' non se lo cavasse di casa, perciò che egli era buono augurio a dove gli stava e che e' faceva fare i fanciui maschi e mille belle cose; che, quando pur e' si diliberasse levarselo dinanzi, e' lo pregava che e' lo indirizasse a lui, che se lo prenderebbe più che volentieri; e tanto seppe ben dire le ragion sue che Cecantonio non lo avrebbe dato per mille fiorini. Il quale, poi che ebbe ringraziato il valente uomo e profertogli ogni suo avere, da lui si partì e mille anni gli parse di tornarsi a Tigoli per vedere se e' poteva far fare alla moglie un fanciul maschio. E perché egli la medesima sera fece ogni suo sforzo e Lucia ne lo aiutò quanto poté, l'augurio non fu vano; imperò che Lavinia s'ingravidò d'un fanciul maschio, il quale fu poi cagione che Lucia si stesse a' servigii loro quanto le fu in piacere, e poi che si fu partita andasse e venisse a posta sua sanza che il buon vechio si avedesse mai o si volesse accorgere di niente.

___

91 Intrigo, situazione equivoca. L'autore allude al letamaio che fanno le pecore nel luogo in cui dormono la notte.

92 Tempo.

Il Tasso e l'Abate saccente[93]

Non sono ancora molti anni che per Firenze passò uno Abate lombardo, che andava a Roma, frate dell'ordine di Badia[94], mentre che Ippolito de' Medici[95] era ancora giovanetto e alla costodia del cardinale di Cortona[96], il quale in nome di papa Clemente governava la città[97]. Ora a questo Abate, stando alloggiato in Santa Trìnita[98], un giorno, tra gli altri, venne voglia d'andare a vedere nella sagrestia nuova di San Lorenzo le figure di Michelagnolo[99]; e partitosi con due de' suoi frati e con due altri della Regola[100] accompagnato, là se ne andò; dove il Priore di detta chiesa, perché la sagrestia era serrata, fece chiamare il Tasso[101] (che così per soprannome era detto un giovine che ne teneva le chiavi, ministro di Michelagnolo, che lavorava allora il palco della libreria) che venne spacciatamente[102]; a cui il Priore disse:

---

93   Anton Francesco Grazzini, *Le cene,* Cena I, novella VIII.

94   Dell'ordine benedettino.

95   Ippolito de' Medici, figlio di Giuliano de'Medici, successore di Lorenzo II alla guida di Firenze. Cacciato dalla città in seguito alla rivolta repubblicana del 1527-30, fu in seguito creato cardinale dallo zio Clemente VII.

96   Silvio Passerini, cardinale di Cortona, governava lo stato fiorentino per conto di papa Clemente VII.

97   Il fatto narrato nella novella è probabilmente accaduto tra il 1522 e il 1524, periodo in cui Ippolito de' Medici stette solo a Firenze sotto il governo del cardinale di Cortona Silvio Passerini.

98   Convento e chiesa vallombrosana a Firenze.

99   Le statue che papa Leone X commissionò a Michelangelo Buonarroti per la basilica di san Lorenzo e che dovevano costituire il più bell'ornamento delle tombe di Lorenzo e Giuliano de' Medici.

100   Vallombrosana.

101   Giovanbattista del Tasso (1500 - 1555), intagliatore e architetto fiorentino allievo di Michelangelo. Tra le sue opere si ricordano il soffitto in legno di tiglio intagliato della Biblioteca Medicea Laurenziana e il progetto della loggia di Mercato Nuovo.

102   Velocemente.

– Sarai contento di mostrare a questo valent'uomo la sagrestia e la libreria; e dagli ad intendere dove e come hanno a star le figure[103], chi elle sono, e a che fine fatte. –

Il Tasso, risposto che volentieri, s'avviò innanzi, e lo Abate e gli altri frati diètrogli; tanto che in sagrestia nuova gli condusse, dove il venerando Padre dimandò di molte cose, delle quali tutte il Tasso gli dette notizia. Così lo Abate, avendo veduto e ben considerato ogni cosa a suo agio, disse a un suo compagno:

– Per certo che queste non sono se non buone figure, per quel che si può giudicare; ma io mi pensava che elle fussero altrimenti e stessero in altra guisa, e non mi sono riuscite a gran pezza a quello che io m'immaginava[104]. Vedi che questo Michelagnolo non è però un Dio in terra, come dice la plebe; di vero che le figure che sono in casa i conti Peppoli[105] non perderebbero niente appresso queste, che dovettero essere di mano di Noddo o di qualche scarpellino. –

Il Tasso, udendo le colui parole, quantunque ognuno gli rendesse onore e gli desse del Messere e del Reverendo, lo giudicò subito un solenne brodaiuolo[106], e fu tutto tentato di rispondergli in gramatica[107], di quella sua fine, che non è intesa né da lui né da altri; pur poi si ritenne per lo meglio. Alla fine di quivi partitisi per andare a vedere la libreria, passando per la chiesa, domandò l'Abate il Tasso, quanto tempo era che la fusse fatta e chi n'era stato lo architettore; e il Tasso gli disse ogni cosa. Per che lo abate rispose e disse:

– Questa chiesa, alla fè[108], non mi dispiace; ma non è da agguagliarla in parte alcuna al nostro San ... di Bologna. –

---

[103] Statue.

[104] Non sono come me le immaginavo.

[105] Pepoli, famiglia nobile che più volte governò la città di Bologna.

[106] Ghiotto della broda, cioè del superfluo della minestra, dell'acqua sudicia. In questo caso l'autore vuole dunque intendere una persona ignorante.

[107] In latino. In questo contesto significa rispondere con qualche impertinenza. Rispondere per le rime.

[108] In fede, sinceramente.

Il Tasso fu per ridere allora; e sì la collera la vinse, che non si potette tenere che non dicesse:

– Padre, se voi sète così intendente e dotto nelle lettere sagre, come voi sète nella scultura e nell'architettura, per certo voi dovete essere un gran baccelliere[109] in Teologia. –

Il frate montone[110] non intese, e disse:

– Io son pure maestro, la Dio grazia. –

E così ragionando, poi che essi furono usciti di chiesa e saliti in su i chiostri di sopra, arrivarano dove era una scaletta di legname che saliva alla libreria, su per la quale si misero innanzi i frati, doppo lo Abate, e l'ultimo era il Tasso. E così salendo adagio adagio, vennero vòlti gli occhi all'Abate inverso la cupola[111]; per lo che fermatosi a mezzo la scala, si pose intentamente a rimirarla; e restato col Tasso solo, perciocché i frati erano di già saliti nella libreria, disse:

– Questa cupola ha tanta fama per l'universo, ch'è una meraviglia. –

– Ah! – rispose il Tasso – Padre, non è egli con ragione? Dove trovate voi in tutto il mondo uno edifizio simile? Ma la lanterna, sopratutto, è miracolosa e senza pari. –

Onde lo Abate, quasi sdegnato, rispose dicendoli:

– Sì, a detto tuo e di voi altri Fiorentini; ma io ho inteso dire da persone degne di fede che la cupola di Norcia è più bella assai, e fatta con maggiore artifizio. –

Il Tasso non ne volle più[112]: e vennegli in un tratto tanta rabbia e tanta stizza, che, rotto ogni freno di pazienza e di riverenza, messer lo Abate prese ne i fianchi, gridando ad alta voce, e tirollo allo indietro, di maniera che tutta tombolar gli fece quella scala; ed egli arta-

---

[109] Grado accademico. Gran dottore. È evidente il tono ironico con cui il termine è utilizzato per esprimere l'esatto contrario.

[110] Pecorone.

[111] La cupola del duomo di Firenze del Brunelleschi, che a tutt'oggi è la più grande cupola in muratura mai costruita.

[112] Perse la pazienza.

tamente[113] lasciatosegli cadere addosso, fu quasi per isbonzolarlo[114]; e così addòssogli, cominciò a gridare:

– Aiuto! Aiuto! correte, correte qua, chè questo frate è impazzato e vuolsi gittare a terra di questi chiostri. –

Per la qual cosa alcuni suoi garzoni che lavoravano in una stanza quivi dallato, subito usciron fuori e viddero il Tasso addosso allo Abate, che non restava di chiedere aiuto e delle funi; e in parte serrava e stringeva colui, e di sorte gridando lo intronava, che egli non poteva dir parola che fussi inteso. Così, avendogli i lavoranti suoi portato prestamente un paio di funi, e da quegli aiutato, le braccia e i piedi, anzi tutta la persona, in modo legarano al frate, che a gran fatica dimenar si poteva; e a furia presolo di peso, lo portarono in una camera di là entro, e quivi, in terra disteso e serrato, al buio lo lasciarono.

I compagni dello Abate erano corsi al romore; e perch'egli erano già dentro e occupati in guardar la libreria, non potettero giungere in sul fatto, ma arrivarono appunto che coloro legato lo menavano via; onde dolorosi[115], gridando fortemente, addomandavano la cagione, perché e dove portato avessero così legato il loro Abate. A cui il Tasso rispondendo, affermava con giuramento che, se egli non fusse stato presto[116] a tenerlo, che si sarebbe gittato a terra di quel chiostro, e che per suo bene lo aveva legato e fatto mettere al buio; acciocchè, non si svagando[117], più tosto e più agevolmente ritornasse in sé, perch'egli era uscito fuori dei gangheri. I frati, pur gridando, con certe persone che erano quivi corse al romore, si rammaricavano e chiedevano il loro Abate.

Il Tasso intanto, dato un canto in pagamento[118], fuggì via colla chiave della camera dove era serrato il frate; e andatosene nel

---

113 Con grande arte, con astuzia.

114 Schiacciare

115 Addolorati, dispiaciuti.

116 Pronto, veloce.

117 Non avendo modo di distrarsi.

118 Girato l'angolo anziché pagare, cioè dileguatosi.

Chiassolino[119], dove trovato il Piloto[120] e 'l Tribolo[121] e altri suoi amici
e compagni a bere, contò loro per ordine tutto quello che con messer
lo frate gli era intervenuto, che tutti gli fece smascellare delle risa.

Lo Abate, doloroso, colà trovandosi nel modo di sopra móstrovi,
e non sapendo per che cagione, era sì fuor di se stesso che egli non
poteva ancora discernere bene se egli era lui o pure un altro, o se egli
dormiva o era desto; perché in così poco spazio era successo il caso,
che gli pareva ancor sognare; e, quasi smemorato, pensava come il
fatto fusse andato. Ma, sentendosi nella fine tutto fiacco e macero e
dolersi fieramente[122] le reni, e trovandosi legato che dar non poteva
crollo, e rinchiuso si può dire in prigione, cominciò a gridare e a stri-
der sì forte che pareva che egli avesse il fuoco ai piedi, cotal che egli
intronava tutto quel convento. Per la qual cosa i suoi frati, gridando
anch'essi, domandavano della chiave e del Tasso; il quale non trovan-

---

119 Vicolo di Firenze dove c'era un'osteria frequentata da molti buontemponi.

120 Giovanni Piloto, noto orefice fiorentino.

121 Niccolò di Raffaello de' Pericoli, detto il Tribolo (1500 - 1588), pittore, scultore e architetto.

122 Fortemente.

dosi, e già il Priore di San Lorenzo corso al romore, fece tosto mandare per un magnano[123] e aprì la camera, dove lo Abate si trovò mezzo morto; il quale, tosto dislegato e levato da terra, gridando sempre: – *Io son morto* –, fu dai suoi frati portato a braccia in camera del Priore; e quivi, non senza grande sdegno e dolore, avendo a tutti narrato come stava appunto la cosa, gridando: – *Ragione e giustizia* –, non si poteva dar pace che gli uomini dabbene e religiosi par sui fussero da uno artefice a quella guisa bistrattati; e minacciava, non ch'altro, di farlo intendere[124] al Papa.

Il Priore ne ebbe dispiacere grandissimo, e accónciolo in un cataletto[125], ne lo fece portare a Santa Trìnita; il quale per la via non fece mai altro che guaire e rammaricarse, come colui che aveva di che[126]. Ma nel convento fu poi il rammarichìo grande, e per sorte vi si abbatté a essere il Generale[127]; il quale, inteso come il fatto stava, infuriato corse al Cardinale, a cui parve molto strana e brutta la cosa; e di fatto[128] fe' intendere al Vicario[129] che facesse d'avere il Tasso nelle mani: per la qual cosa, e per commessione degli Otto[130], fu messa tutta la famiglia del bargello[131] in opera, cercandolo, come se fusse stato il maggior ladro del mondo. Il che risapendo il Tasso, prese per ispediente, sendo già l'Avemaria sonata[132], d'andarsene in Palazzo[133], dove da messere Amerigo da San Miniato, suo amico e favorito del cardinale, fu nascoso.

---

123 Fabbro.

124 Farlo sapere.

125 Barella.

126 Come chi aveva tutte le ragioni per farlo.

127 Padre generale dell'ordine.

128 Immediatamente.

129 Vescovo.

130 Magistratura fiorentina.

131 Le guardie. Il bargello era l'ufficiale preposto ai servizi di polizia, il capo dei birri.

132 Essendo già il tramonto.

133 Nel palazzo dei Medici.

La sera, poi che Monsignore[134] ebbe cenato insieme col Magnifico[135], sendo ancora a tavola e di questa cosa ragionando, molto biasimava e minacciava il Tasso, con dire che ai forestieri e religiosi s'aveva ad aver rispetto. Ma il Magnifico lo difendeva dicendo:

– La cosa non sarà poi così com'ella si dice, e bisogna intendere l'altra parte. –

Il che udendo messere Amerigo, mandò a dire al Tasso che uscisse d'agguato[136] e che venisse via, ché allora era tempo di favellare. Il quale tosto quivi comparse, e trattosi di testa[137], fece riverenza a Monsignore e al Magnifico, e poscia prese a favellare, così dicendo:

– Io son venuto, Monsignore, inanzi alla Signoria vostra, per giustificarmi di quello che con un certo frate m'è oggi intervenuto; per lo che voi avete dato comissione che io sia preso come uno assassino di strada. –

E fattosi da capo, tutto ordinatamente, ma non come era seguìto appunto, raccontò il caso, con tanta grazia e con tante acconce parole, che il Cardinale stesso fu forzato a ridere: pur con un fiero sguardo se gli voltò e disse:

– I suoi frati la narrano in un altro modo, e affermano che lo Abate dice che tu lo tirasti a terra di quella scala, e che tu lo facesti legare, e per più scorno serrarlo al buio, e andàstitene con la chiave. –

– Monsignore – rispose il Tasso –, io vi dico che gli è pazzo, e allora gliene prese un capriccio de' buoni[138]; e se io non era presto, egli si gittava giuso e rompeva, come testè vi dissi, il collo. Non ne dubitate punto, che gli è matto spacciato[139]; e che sia la verità, giudicate voi se uomo giammai che avesse puro e sano intelletto, direbbe che

---

[134] Il cardinale Passerini.

[135] Ippolito de' Medici.

[136] Dal nascondiglio.

[137] Scopertosi il capo.

[138] In quel frangente fu preso da un attimo di pazzia.

[139] Matto senza possibilità di guarigione.

la cupola di Norcia fusse più bella e fatta con maggior disegno che la nostra di Santa Maria del Fiore. –

– Certamente – rispose allora il Magnifico – che per questa parola sola egli meritava i canapi[140], non che le funi; il Tasso ha mille ragioni, e credo per me che quel frate, non che pazzo affatto, sia anche spiritato[141]; e per tanto vo' pigliar a difender la sua causa, e domani essere inanzi al Vicario per suo proccuratore –; e al Tasso vòltosi, quasi ridendo, disse:

– Vattene a cena, e domattina per tempo tórnati all'usanza[142] a lavorare, e lasciane la briga a me –; e da duoi staffieri lo fece accompagnare infino a casa.

Il Cardinale, che era valente uomo[143], conoscendo il voler del Magnifico, mandò prestamente a far intender al Vicario e al Capitano[144] che lasciassero stare il Tasso. I frati, non avendo potuto avere l'altro giorno[145] udienza, per lo meglio si tacquero, e allo Abate dierono ad intendere come il Tasso, oltre lo avere avuto quattro tratti di fune, era stato confinato in galea[146] per due anni: la qual cosa sommamente gli piacque; e ivi a pochi giorni guarito, se ne andò al suo viaggio.

---

[140] Tortura coi canapi.

[141] Posseduto da uno spirito maligno.

[142] Come di consueto.

[143] Uomo avveduto.

[144] Al bargello.

[145] Il giorno dopo.

[146] Condannato a remare in una galera.

GUASPARRI E LA BEFFA DEL RUBINO[147]

In Firenze fu già un buon uomo chiamato Guasparri del Calandra, che faceva il battiloro[148], assai buon maestro di quel arte, ma persona per altro bonaria e di grosso ingegno. Costui, per via della moglie essendo diventato ricco, perciocché ella era rimasta erede del fratello che le aveva lasciato dua buoni poderi in quel di Prato e dua case in Firenze, abbandonata la bottega, attendeva a darse piacere e buon tempo, non avendo se non un figliolo maschio di cinque in sei anni, e la donna in termine di non doverne far più.

Per la qual cosa, preso aveva strettissima amicizia dello Scheggia[149], e conseguentemente del Pilucca[150], del Monaco[151] e di Zoroastro[152], e piacendogli la loro conversazione, perciocché erano uomini spensierati e di lieta vita, si trovava spesso con esso loro a cena nella stanza del Pilucca, che stava a casa nella via della Scala, dove era un bellissimo orto, da mangiarvi la sera d'estate, sotto una verdissima e folta pergola, al fresco.

---

147 Anton Francesco Grazzini, *Le cene*, cena II, novella VI.

148 Artigiano che lavora i metalli preziosi battendoli per ridurli in lamine o foglie sottilissime.

149 Giovanni Guidi, pittore fiorentino figlio di Antonfrancesco di Giovanni Guidi e fratello del più noto Masaccio.

150 Paolo Geri, detto il Pilucca, scultore e architetto fiorentino, fu uno dei dodici fondatori dell'Accademia degli Umidi, poi Accademia Fiorentina.

151 Il Monaco, probabilmente un soprannome, non si sa chi sia. Di lui Grazzini ci dice solo in un altra novella che «era sensale iscritto all'arte della seta».

152 Probabilmente Tommaso Masini, noto come Zoroastro da Peretola. La figura di Tommaso Masini ricorre spesso negli appunti di Leonardo da Vinci, con cui ebbe rapporti di collaborazione e di grande amicizia. In effetti egli, oltre ad esserne il costruttore, fu anche il collaudatore della macchina per volare di Leonardo, che provò, a rischio della propria vita, lanciandosi da un dirupo sul monte Ceceri. Tipo decisamente non convenzionale, un po' filosofo e un po' negromante, appassionato di magia, la sua casa è descritta come piena di "sigilli, caratteri, filattiere, pentacoli, e fornelli di varie sorte da stillare erbe, terra, metalli, pietre e legni".

E perché questo Guasparri faceva professione d'intendersi dei vini e di provvederli buoni, coloro, in questo dandogli la soia[153] e lodandolo molto, lo avevano eletto di comune consentimento sopra il vino[154].

La qual cosa Guasparri recandosi a grande onore, per non mostrarse ingrato di tanto benefizio e di sì gran maggioranza, tutto il vino che si beveva fra loro, e da lui proveduto, voleva che fusse di sovvallo[155] e a sue spese, e a ogni ora visitava tutte le taverne di Firenze per trovarlo buono, e a soddisfazione dei compagni, sempre ne conduceva di due o di tre sorti. L'altre vivande poi tutte andavano per rata[156]. Lo Scheggia era il provveditore, e teneva diligente conto, e quei compagnoni attendevano a succiare[157], che parevono moscioni, mettendo Guasparri in cielo; e Zoroastro diceva pure non aver mai uomo conosciuto che avesse miglior gusto, e il Pilucca affermava lui essere disceso dalla schiatta[158] di Bacco; tantoché Guasparri si stimava d'esser qualche gran cosa.

E così dopo cena la sera sempre cicalando, avevano i più nuovi e strani ragionamenti del mondo, dove lietamente consumavano mezza la notte, favellando spesso delle streghe e degl'incanti, degli spiriti e dei morti. Delle quali cose Guasparri avendo paura grandissima, mostrava non curarle, e si faceva ardito e gagliardo, dicendo fra l'altre, che in quell'altro mondo i morti avevano fatica di vivere, non che di venire a far paura o male alcuno a questi di qua: della qual cosa sendosi coloro avveduti, ne avevano trastullo e piacer grandissimo.

Ora, andando così la cosa, e trovandosi ogni sera insieme all'orto del Pilucca, essendo allora d'estate, e Guasparri provvedendo il vino

---

[153] Adulandolo, compiacendolo.

[154] Per la scelta dei vini.

[155] Gratis.

[156] Ognuno pagava la sua parte.

[157] Succhiare, bere a più non posso.

[158] Stirpe.

all'usanza, accadde che un suo parente, trovatolo un giorno, come invidioso del comodo e del bene di coloro, cominciò a riprenderlo che egli spendeva, anzi gittava via il suo, ed era uccellato[159]; e che lo Scheggia, il Pilucca e gli altri lo trombettavano e ridevansene per tutta Firenze, e che egli era da ognuno mostro[160] a dito per goffo e per corrivo[161]; di maniera che Guasparri, pensando così essere la verità, deliberò di levarsi per qualche giorno dalla lor compagnia, e andòssene in villa[162], senza dir nulla a persona, dove egli aveva la brigata, cioè la moglie e il figliolo e una serva. I compagni, non lo ritrovando, parevano smarriti, e ne cercavano con grand'instanza, e massimamente lo Scheggia e Zoroastro; i quali dopo sei o otto giorni, intendendo come egli era andato in villa, si maravigliavano che egli non avesse loro detto nulla; e dubitavano tutti di quello, di non ritrovarsi insieme ogni sera a l'usanza, facendo buona cera e giulleria[163].

Intanto a Guasparri venne a fastidio lo stare in villa, e se ne tornò a Firenze: il quale, come dal Pilucca fu veduto, fattogli una gran festa, sùbito fu invitato per la sera, dicendoli:

– Oh come hai tu fatto bene a tornare! perciocché da poi in qua che ti partisti, io non ho mai bevuto vino che mi sia piaciuto! –

Ma Guasparri, rispostogli che non poteva venire, fu domandato dal Pilucca della cagione; ed egli non sapendo dirgliene, né trovare scusa che buona fusse, fu tanto alla fine contaminato[164], che gli disse, morendosi di voglia di tornar con esso loro, che verrebbe volentieri, ma che non voleva più provedere il vino, e metterlo a macca[165]; e narrògli tutto quello che dal parente suo gli era stato detto.

---

[159] Preso in giro.

[160] Mostrato.

[161] Avventato, credulone, troppo facilmente disposto a far qualcosa.

[162] Fuori città, in campagna.

[163] Allegria.

[164] Tentato.

[165] Gratis.

Il Pilucca, ciò udito, ridendo di fuori, e di dentro malissimo contento, gli disse, per non parere[166], che la sera venisse a ogni modo, e che al far del conto non spenderebbe se non quel tanto che gli altri spendono, pensando senza alcun fallo ricondurlo a poco a poco alla medesima usanza.

Così, venutane la sera, e il Pilucca trovato i compagni e ragguagliatigli, restarono maninconosi; pur, mostrando allegrezza, Guasparri ricevettero con lieto viso, e feciongli mille carezze e caccabaldole[167], e così seguitarono non so che sere. Ma nella fine, veggendo che Guasparri non usciva a fiato[168], avendolo tutti insieme e privatamente tentato più volte e per più vie, parve a Zoroastro che fussi da levarselo dinanzi, dicendo che non era cosa conveniente che egli usasse seco del pari; e così affermavano tutti, e deliberarono di fargli qualche beffa, di sorte[169] che da sé stesso si pigliasse licenzia, trovando qualche modo da farlo trarre, e cavargli o danari o qualche altra cosa delle mani. E sapendo la paura che egli aveva degli spiriti e particolarmente dei morti, vi si fondarono sopra; e restati d'accordo di tutto quello che da fare intendevano, messero segretamente in opera certi amici dello Scheggia e di Zoroastro, che si avevono preso la cura della beffa.

Aveva Guasparri la sua casa in Borgo Stella, sicché ogni sera che coi compagni si ritrovava, per ritornarsene, gli conveniva passare il ponte alla Carraia: né in detta casa stava persona, se non egli a dormire, desinando la mattina sempre all'osteria o a casa d'amici o parenti. Abitava per sorte accanto a lui un certo Meino, tessitore di drappi, amico grande dello Scheggia, per la cui casa si poteva entrare agevolmente in quella di Guasparri; sicché lo Scheggia tanto aveva fatto e tanto pregatolo, che Meino era restato di fare quanto egli voleva.

---

166 Per dissimulare il disappunto.

167 Moine, smancerie.

168 A nulla.

169 In modo tale

In questo mentre, venuto il giorno, la cui notte si doveva fare a Guasparri la beffa, avendo ogni cosa ordinata e messa in assetto, lo Scheggia e Zoroastro la sera si trovarono con i compagni al solito, dove cenarono di santa ragione; e dopo, a sommo studio entrato il Pilucca in su gli spiriti, e così Zoroastro, tanto dissero e delle streghe e de' morti e della tregenda[170] e de' diavoli, che a Guasparri entrò sospetto[171] grandissimo dell'aversene a ire a casa solo; e se non fusse stato per non si mostrar timido e pauroso, avrebbe richiesto qualcheduno di loro, che lo avesse accompagnato e restatosi ad albergo seco; e fu tutto quanto tentato di non si partire, e di dormir quivi. Ma venutane già l'ora deputata[172], fece Zoroastro, acciocché Guasparri se n'andasse, trovare i gèrmini[173], il qual gioco colui aveva più in odio che la peste; sicché Guasparri fu forzato a partire, che era mezza notte. Ma come egli ebbe il piè fuor della soglia, subito gli uscì dietro lo Scheggia pian piano; e vedutolo andarsene diritto da Santa Maria Novella, donde poi volgeva per la via de' Fossi, e indi passava il ponte, se n'andò per via Nuova; e quasi correndo, per Borgo Ognissanti giunse in sul ponte alla Carraia, che colui ancora non era a mezza via; e trovato i compagni che lo attendevano, fece loro cominciare a dare ordine, ed egli si nascose drento alla chiesina di Sant'Antonio, in su la sponda d'Arno che arrivava a Santa Trìnita.

Era allora di settembre e buissimo, per buona sorte, come in gola. Di là da mezzo il ponte alla Carraia in su le prime pile erano venuti i due compagni per ordine di Zoroastro e dello Scheggia, come avete inteso; i quali avevano una mezza picca[174] per uno, in cima della quale era un po' di legno a traverso, che veniva a far croce, alla quale due

---

[170] Convegno notturno di diavoli, spiriti dannati, streghe.

[171] Timore.

[172] Stabilita.

[173] Tarocchi.

[174] Picca a manico corto. La picca era un'arma bianca della fanteria ed era costituita da una robusta asta di legno, lunga dai 3 agli 8 metri, alla cui estremità era fissata una punta di ferro aguzza a forma di foglia di alloro o di daga.

lenzuoli lunghissimi e bianchi con certa increspatura stavano accomodati. E in su la vetta della croce era una mascheraccia contraffatta, la più spaventosa cosa del mondo, la quale in cambio di occhi aveva dua lucerne di fuoco lavorato, e così una per la bocca, che ardevon tutte, e gettavano una fiamma verdiccia molto orribile a vedere; e mostrava certi dentacci radi e lunghi, con un naso stiacciato[175], mento auguzzo, e con una capeglieraccia[176] nera e arruffata, che avrebbe messo paura, non che a Cuio[177] e al Bevilacqua, ma a Rodomonte[178] e al conte Orlando[179].

E così in su quelle pile vuote che riescono in Arno rasente le sponde, l'uno di qua e l'altro di là stavano così divisati in agguato e alla posta: e questi animalacci così fatti erano allora chiamati *cuccubeoni*[180].

Guasparri, avendo il pensiero a quegli indiavolamenti e stregherie, ne veniva adagio e sospettoso, tantoché alla fine arrivò alla coscia del ponte[181]; il quale tosto che lo Scheggia vide comparito, fece cenno con un fischio sordo, di maniera che coloro a poco a poco, rizzato quel bastone, gli entrarono sotto, alzandolo tuttavia soavemente[182]. Quando su per lo ponte camminando, a Guasparri, volgendo gli occhi, venne veduto quella cosa contraffatta e spaventosa alzarse pian piano, fu da tanta e così fatta paura sopraggiunto, che tutte le forze gli mancarono a un tratto, salvo che egli gridò fortemente: – Cristo, aiutami! – e rimase

---

[175] Schiacciato.

[176] Capigliatura.

[177] Famoso soldato al servizio di Giovanni delle Bande Nere.

[178] Personaggio dell'Orlando Furioso, moro, re di Algeri e di Sarza, si distingue nella battaglia di Parigi, dove fa strage di cristiani.

[179] Paladino noto per il suo coraggio celebrato in più opere del ciclo carolingio e personaggio principale dell'*Orlando Furioso* dell'Ariosto.

[180] Maschere carnevalesche mostruose utilizzate per far paura. Ottimi per ordire beffe, i cuccubeoni erano molto diffusi nella Firenze medicea e non solo durante il tempo di carnevale. Per estensione del significato il termine sarà poi adoperato anche per indicare persone dall'aspetto poco rassicurante.

[181] La parte del ponte fondata alla riva.

[182] Lentamente.

quasi immobile, guardando quella maraviglia, trasecolato, ché nell'ultimo erano cresciuti quanto mai potevano, e di qua l'uno e di là l'altro mettevano il ponte in mezzo, di sorte che a Guasparri pareva che essi uscissero d'Arno, e giudicavagli maggiori che campanili; e così stordito e pauroso fuor d'ogni guisa umana, si credeva senza fallo avere inanzi agli occhi il trentamila paia di diavoli. E parendogli che a poco a poco se gli avvicinassero, temendo non essere da loro inghiottito, gridando un'altra volta: – Cristo, aiutami! – si messe a fuggire per la via che egli fatta avea, né mai si volse indietro fino a tanto che egli non fu arrivato a casa del Pilucca; dove, picchiando a più potere, fece tanto che coloro stimatosi quello che era gli apersero, aspettandolo a gloria: ai quali giunto, per la paura e per la furia del correre non poteva raccôr l'alito né esprimer parola; e si lasciò ire ansando in su una panca, che non poteva più.

Lo Scheggia, ogni cosa avendo veduto, fuggito Guasparri, pien d'allegrezza corse ai compagni; e di fatto gli mandò a casa Meino[183], per fornire il rimanente dell'opera e dare compimento alla beffa; ed egli di buon passo se ne venne a casa il Pilucca[184], dove Guasparri, riavuto il fiato e rassicurato un poco, era nella loggia andatosene e raccontava a coloro le meraviglie, e diceva le più strane e pazze cose che s'udissero mai. E coloro, facendosene beffe e uccellandolo[185], lo facevano disperare; quando lo Scheggia, fingendo d'uscire d'una di quelle camere da far suo agio[186], anche egli, ascoltando Guasparri, se ne rideva; di modo che, volesse il Cielo o no, tutti affermavano che Guasparri gli tirava su[187], e gli voleva far corrivi[188]. Pure colui, tremando tuttavia, giurava e affermava che così era, e che venissero a vederlo; in guisa tale che coloro si missero seco in via, sempre

---

183 A casa di Meino.

184 A casa del Pilucca.

185 Ingannandolo, canzonandolo.

186 Un bisogno corporale.

187 Esagerava e si faceva beffe di loro.

188 Creduloni, leggeri.

dicendo, o che egli aveva le traveggole, o che li voleva far Calandrini o Grassi legnaioli[189]; tanto che al ponte alla Carraia giunsero, dove, guardato e riguardato, non seppero mai veder niente.

A Guasparri non pareva possibile, e pur, mostrando il luogo, diceva come gli erano usciti d'Arno, e che eglino sopravanzavano le sponde di cento braccia, tutt'a due bianchi come la neve, e che gli avevan solamente gli occhi e tutto il viso di fuoco, mille volte più brutti e terribili che l'orco[190], la tregenda[191] e la versiera[192]. Ma Zoroastro dettogli mezza villania, che ancora non voleva restar di burlargli, e che con gli amici non s'usavano quei termini, e così gli

---

189 Allusione alle vittime di due beffe narrate in due celebri novelle.

190 Antico demone latino, personificazione della morte, rappresentato come un genio con le ali nere armato di falce.

191 Convegno notturno di demoni e streghe riuniti per ordire malefici.

192 Spirito infernale di genere femminile consorte del diavolo.

altri mostratisi adiraticci, se ne andarono d'accordo a fornir la partita dei germini[193], facendosi beffe di colui con dire che egli aveva bevuto troppo. Guasparri, essendo di là da mezzo il ponte, e veduta la guardia (ché già si era levata la luna) che, di borgo San Friano venendo, se ne andava per lo Fondaccio, lasciò coloro volentieri, e quasi correndo se ne venne verso il bargello[194], parendogli essere accompagnato e sicuro, tanto che sospettar lo fece, e aspettòllo e cercòllo, e non gli trovando arme, lo lasciò andare per i fatti suoi.

Guasparri, già presso a casa, andava pensando se gli era bene dormir solo: e fu tutto tentato d'andar di là d'Arno a starsi con un suo parente: pur poi, parutogli tardi, se n'andò a casa, e tolta la chiave, aperse l'uscio ed entrò dentro.

L'usanza di Guasparri per quella stagione era di dormire in una camera terrena, che rispondeva in su la loggia di quel Meino; il quale con un compagno, per commissione di Zoroastro e dello Scheggia, l'aveva tutta quanta intorno parata a nero con certe tele accattate dalla Compagnia dell'Osso, che servono per la Settimana Santa e per il giorno de' Morti, dipinte di croci, d'ossa e di capi di morti; e a una cornice, che la girava d'intorno intorno, appiccato avevano più di mille candeline di cera bianca tutte quante accese, talché rendevano uno splendore maraviglioso; e nel mezzo dello spazzo sopra un tappeto vi era uno, vestito di bianco a uso di Battuto[195], acconcio le mani e piedi in guisa che pareva un morto, pieno ogni cosa intorno di fiori e di foglie di melarancio; da capo aveva un Crocifisso e due candele benedette accese da poterlo segnare, chi avesse voluto. Così divisata la camera nella foggia che inteso avete, l'avevano riserrata, che niente si pareva.

Guasparri, poiché fu dentro, secondo la sua consuetudine, se n'andò al buio alla camera per andarsene al letto (il quale poi di giorno

---

[193] Gioco di carte.

[194] La guardia, la ronda.

[195] Vestito come un flagellante. I flagellanti erano delle confraternite laiche a carattere penitenziale che praticavano la flagellazione.

gli rifaceva una sua vicina); ma come, volgendo la campanella[196], egli aperse l'uscio, subito vide lo splendore, l'apparato dell'ossa e il morto disteso in terra: onde da tanta paura, da tanta maraviglia, da tanto dolore fu preso, percosso ed avvinto, che subito sbalordito cadde su la soglia dell'uscio ginocchioni, che non potette per la paura e per la doglia formar parola. Ma poi, fatto della necessità fortezza o disperazione, rittosi in un tratto e tirato a sé l'uscio di camera, e forse temendo che quel morto non gli corresse dietro, s'uscì fuori di casa prestamente, e la dètte a gambe, e per la fretta non si ricordò di serrare la porta da via; e correndo a più potere, non aveva altro nella mente, che morti, spiriti, fantasmi e streghe, mille anni parendogli di trovare i compagni; talché passando il ponte alla Carraia, non s'avvide dei cuccubeoni, che prima gli avevan dato tanto terrore e spavento. Così la maggior paura caccia sempre la minore.

Meino e i compagni, che stavano alla posta[197], tosto che Guasparri fu fuori dell'uscio, come era stato ordinato, spacciatamente[198] spensero tutti i lumicini, e sparecchiando e ravviluppandovi le tele, il tappeto, il Crocifisso, le candele ed ogni altra cosa rabballinando[199], portarono via, e rassettarono al luogo loro; e racconcia la camera, come ell'era prima né più né meno, e serratala, se n'andarono a casa Meino. Ma perché Guasparri aveva lasciato l'uscio aperto, acciocché non gli fusse rubato, uno di loro, che non pareva suo fatto[200], stava a far la guardia, benché gli era in su un'otta[201], che non si trovava fuori nessuno.

Intanto Guasparri era arrivato a casa il Pilucca, e battendo la porta, non restava di gridare; quando coloro, che l'aspettavano, corsero con gran fretta e allegrezza per aprirgli; e, sentito la voce, il Pilucca prima disse:

---

196 Anello di metallo attaccato agli usci che serve per picchiare ai portoni e per aprirli.

197 Stavano in agguato.

198 Velocemente, in maniera sbrigativa.

199 Avvolgendo insieme più cose a guisa di balla.

200 Senza dar da vedere.

201 Ora.

– Che saranno, Guasparri, delle tue girandole[202]? –

A cui rispose Guasparri gridando:

– Ohimé Pilucca e voi fratelli, misericordia, aiuto! io ho piena la casa tutta di spiriti e di morti, e credo che vi sia dentro tutto il Limbo e tutto l'Inferno; – e raccontò loro ciò ch'egli aveva veduto.

Zoroastro e i compagni, fingendo di non gli credere, e dicendo che egli li voleva uccellare di nuovo, gli facevano rinnegare la fede; perciocché egli, pur narrando le maraviglie, affermando e giurando, li pregava che dovessero e volessero andar seco di grazia e per l'amor di Dio, per chiarirsi prima, e poi consigliarlo ed aiutarlo in così fatto bisogno e in tanta necessità. E questo dicendo, tuttavia tremava di sorte che Zoroastro disse:

– Guasparri mio, egli non è dubbio alcuno, così bene ti s'avviene il fingere, che, se noi non fussimo pur dianzi stati dileggiati e burlati da te, che ora noi ti credessimo; ma tu puoi fare e dire a tua posta, ché noi non siamo più per crederti, e non ci befferai altrimenti. –

Guasparri, giurando che non li beffava, ma che diceva dal miglior senno che egli avesse, si disperava, promettendo che se non era così la verità, voleva che gli cavassino gli occhi di testa. A cui rispondendo Zoroastro disse:

– Se tu hai, come tu mostri, così gran voglia che noi venghiamo e vediamo, il cavarti gli occhi non serve a nulla, ma dammi in pegno codesto rubino che tu hai in dito; e se la cosa sta come tu dici, e che in camera tua sieno i morti i lumicini e le maraviglie, te lo voglio rendere graziosamente; ma se gl'interviene[203], come del ponte alla Carraia, che non vi sia niente, come io credo, voglio che s'intenda per noi guadagnato, e a te si rimanghino gli occhi, che son troppo cara merce, e da non arrischiarla così per poco. –

Subito, d'allegrezza ripieno, rispose Guasparri:

– Io son contento; – e dèttegli l'anello (il quale gli era capitato nelle mani per conto dell'eredità); che se ne sarebbono avuti dalla mattina

---

[202] Fantasticherie.

[203] Se succede.

alla sera venticinque o trenta scudi d'oro; e così restati d'accordo, il Pilucca, lo Scheggia, il Monaco e Zoroastro si messero in via, e tanto camminarono, che in Borgo Stella giunsero; e prima giunto lo Scheggia, vedendo l'uscio aperto, disse:

– Io ho paura, Guasparri, che non ti sia stato vuoto[204] la casa. –

– Ohimé! – disse Guasparri, – non m'avvidi, per la fretta, di serrare. –

Così, temendo di andare innanzi, disse al Pilucca:

– Va' là tu. –

Ma perché v'era buio, il Monaco, che aveva una lanterna accesa, fattosi innanzi disse:

– Venite via. –

Guasparri, tremando e quasi sbigottito, s'era messo dietro a tutti, come colui che aveva di che temere, ma poi che giunti furono all'uscio della camera, il Monaco, per parere, stava su le continenze[205]; onde Zoroastro, fattosi innanzi, girando la campanella, aperse in un tratto e la camera trovò e vide starsi nel modo usato; sicché di fatto ridendo, disse:

– L'anello è guadagnato per noi; Guasparri guarda qua: dove sono i lumicini, i morti, gli spiriti e i diavoli che tu dicevi? io credetti avere a veder la bocca dell'Inferno. –

Se mai uomo alcuno per alcuna nuova e maravigliosa cosa restò per tempo alcuno attonito e stupefatto, Guasparri fu desso[206]. Egli non sapeva bene in qual mondo si fusse, e se quelle cose che egli aveva vedute, le aveva veramente vedute, o se gli era troppo paruto vedere, o se egli pure l'aveva sognate; e sbalordito e quasi affatto fuori di sé, riguardava pure la camera, e veggendo ogni cosa al suo luogo, non aveva ardire di favellare e di rispondere a coloro, che tuttavia lo proverbiavano con dire:

– Ben dicevamo noi che tu ci burlavi, e che tu facevi per farcene un'altra, e poi domani vantartene ed uccellarci per tutto Firenze; ma

---

[204] Svuotata.

[205] Fingeva di esitare.

[206] Fu proprio Guasparri.

in fede di Dio, che l'uccellato rimarrai tu, se già non è falso questo anello. –

E con questi sì fatti e con altri rimbrotti, non restavano di riprenderlo e di garrirlo, tanto che egli, umilmente pregandoli che fussero contenti di tacere, rimase[207] di comprare il rubino per venticinque ducati, affinché quel fatto non si spargesse per la città; la qual cosa fuor di modo piacque ai compagni; e perché egli aveva paura a dormir solo, lo Scheggia rimase ad albergar seco, il Monaco se n'andò a casa sua e così Zoroastro col Pilucca.

La notte il misero Guasparri non potette mai chiudere occhi, ché sempre gli pareva di vedere le passate cose; e fra sé ripensandovi, non se ne poteva dar pace; intanto che facendosi dì chiaro, si levò senza aver mai dormito punto, e così lo Scheggia, il quale n'andò a casa il Pilucca; e Guasparri a procacciare i danari per riscuotere l'anello, acciocché la cosa andasse segreta. Il che fatto, e riscosso da Zoroastro il suo rubino, se n'andò in villa a stare con la moglie per vedere se gli potesse uscire quella fantasia dalla testa; dove il terzo giorno ammalò di sorte, che egli se ne fu per morire: pur poi guarito, tutto si scorticò, come se egli avesse bevuto veleno; tanto fu fiera e possente la paura! Zoroastro, lo Scheggia e i compagni, avuto quei venticinque fiorini, attesero, per quanto durarono, a sguazzare e far la miglior vita del mondo, ridendosi e burlandosi di quel buono omiciatto di Guasparri. Il quale, tornato l'Ognissanti in Firenze, per star con l'animo riposato e senza sospetto, vendé la casa di Borgo Stella, e compronne una da San Pier Maggiore, dove coloro in capo di pochi mesi gli fecero un'altra burla, della quale avvedutosi per opera di quel suo parente, e da lui ammaestrato, per li suoi consigli finalmente lasciò in tutto e per tutto la pratica di coloro.

---

[207] Rimase d'accordo.

La reliquia di San Griffone[208]

Catania nobile e clarissima, como chiaro sapemo tra le notivole cità de l'insula de Sicilia è nominata; ne la quale, non è gran tempo, vi fu un dottore de medicina, maestro Rogero Campisciano nominato. Costui, quantunque de anni fusse pieno, prise per muglie una giovenetta chiamata Agata, de assai onorevole famiglia de la cità preditta, la quale, secundo la comune sentencia, era la più bella e legiadra donna che in quelli tempi in tutta l'insula si trovasse; unde il marito non meno che la propria vita l'amava. E perché rare volte o mai sì fatto amore vien senza gelosia, in brevissimo tempo senz'altra accagione sì geloso ne divenne, che non sulamente dagli estrani ma da amici e parenti gli avia già la conversazione interditta. E quantunque lui fusse multo domestico[209] de' fra' minori, guardatore de' loro dinari[210] e procuratore de l'ordine, e finalmente tutto familiare e cosa loro, nondemeno per maior sua cautela a la sua donna aveva imposto e ordinato che de loro conversazione, non manco che de' disonesti seculari, guardar si dovesse.

Avvenne intanto non poi longo tempo, che in Catania arrivò un fra minore, fra Nicolò da Nargni nominato: questo, ancor che de' bizzochi[211] sembrasse, e con un paio de zochi[212] como cippi de carcere, col corame[213] al petto del mantello, col collo tortu[214] e tutto pieno de ipocrisia andasse, pur egli era giovene, bello e ben complessionato[215]; ed ultra che in Peroscia[216] studiato avesse e in la loro dottrina solenne

---

208 Masuccio Salernitano, *Novellino*, novella III.

209 Frequentasse abitualmente.

210 Amministratore.

211 Coloro che vivono fuori dal chiostro ma con abito e pratiche religiose.

212 Zoccoli.

213 Cuoio.

214 Che ostenta una religiosità non sincera e procede con fare umilmente untuoso.

215 Di bell'aspetto, di bella struttura fisica.

216 Perugia.

maestro devenuto, era un famoso predicatore, e stato già compagno
tra gli altri de san Bernardino, secundo chiaramente confirmava, del
quale dicea aver alcune reliquie, per le cui vertù Idio gli aveva mostrati
e continuamente de multi miraculi gli mostrava; per la cui accagione
e per divozione de l'ordene un mirabilissimo concorso a la sua predicazione avea. De che accadde che, una matina fra l'altre, predicando,
vide tra la feminile turba[217] madonna Agata nominata, quale un car-
bunco[218] tra multe bianchissime perle gli parve; e con la coda de l'occhio talvolta percotendola, senza punto interrompere il suo sermone,
fra seco medesmo più volte disse felicissimo potersi tener colui, che
de lo amore d'una sì vaga giovanetta fusse fatto digno. Agata, como
de ciascuno è usanza che la predica ascolta, mirando fiso de continuo
a lui, e parendoli ultre modo bello, non con alcuna disordenata sensualità, che 'l marito fusse como il predicatore bello fra se medesma
desiderava, venendogli anche in pensamento e diliberazione da lui
volersi confessare. E con tal proposito dimorando, sì tosto como dal
pergolo scender il vide, fattaglise incontro, che gli donasse udienza il
supplicoe. Il frate, che ne l'intrinseco letissimo era, ma per occultar
in faccia la sua magagna, respuose non esser officio il confessare. A
cui la donna disse:

– Or non goderò io per amor de maestro Rogero mio marito alcun
privilegio con vui? –

Respuose il frate:

– Poi che vui siete muglie del nostro procuratore, venite oltre, ché
per suo rispetto volenter intendo da ascoltarvi. –

E da parte tiratisi, e postosi il frate al solito luoco ove si confessa,
e lei davanti inginocchiatalisi, per ordene a confessare s'incominciò.
E avendo narrati parte de' suoi peccati, contando de la grandissima
gelosia del suo marito, gli domandò de gracia che per tal modo con
sua vertù se adoperasse, che al marito tal fantasia del capo traesse in

---

217 Moltitudine.

218 Un rubino di colore rosso vivo.

omne modo[219], credendo fuorsi che tale infirmità si sanasse con erbe e con impiastri, come il marito i suoi infermi guariva.

Il frate, che a tal proposta letissimo era tornato, parendogli la sua prospera fortuna aprirgli l'uscio onde a fornire il suo disiderato camino intrar dovesse, dopo che con assai ornate parole l'ebbe confortata, in cotal forma gli respuose:

– Figliola mia, non è da maravigliare che 'l tuo marito sì forte de te sia ingelosito, perché, altramente facendo, per ben che savio e da me e da ogn'altro ne saria reputato. Né de ciò lui inculpar si deve, procedendo questo per sula operazione de la natura, quale avendote con tante e sì angeliche bellezze produtta, per niun modo potrebbono senza grandissima gelosia esser possedute. –

La donna, de ciò ridendosi, parendoli omai tempo retornarsi a le compagne che l'attendevano, dopo alcun'altri dolci motti, pregò il frate che l'assolvesse; quale, gittato un gran suspiro, a lei pietosamente vòlto, così rispose:

– Figliola mia, niuna persona ligata può altri assolvere; onde, avendome tu in sì piccolo spacio ligato, né me né te senza il tuo ausilio assolver potrei. –

La gentil giovane, che siciliana era, la chiara cifra subito intese; e come che per vederlo sì bello, e che de lei fusse priso summamente gli piacesse, pur che i frati attendessero a sì fatte cose non poco maravigliosa ne devenne, come colei che per la sua tenera età e per la solenne guardia del marito non solamente con veruno religioso avea avuta per alcun tempo prattica, ma per fermo si persuadeva che 'l fare de' frati agli uomini non altramente fusse che a' pulli quando se castrano. Ma cognoscendo chiaramente costui esser gallo e non capone, con disiderio mai simile gostato, diliberandosi del tutto donargli il suo amore così gli rispose:

– Padre mio, lasciate il dolore a me, che venendo qui libera, tornarò serva di voi e d'Amore. –

Il frate, con la maior gloria che mai sentisse, a la donna rispose:

---

219 In ogni modo.

– Dunque, poi che le nostre voglie son sì conforme, non trovarai tu modo che, da questa cruda carcere in un medesmo punto uscendo, parimente la nostra florida gioventù godiamo? –

Al che rispose che lei volentiere il farebbe, se potesse:

– Nondemeno – soggiugnendo – pur adesso un modo nel pensier me occorre, che con tutta la gelosia estrema de mio marito la nostra intenzione esequiremo. Onde essendo io solita aver quasi ogne mese nel core una fiera passione, e tal che d'ogne sentimento quasi me priva, né trovandosi insino a qui per argomento de medico posser a quella in minima parte remediare, ed essendomi dichiarato da donne antique ciò procedere da la matrice, e che com'io giovane sia e atta a produrre figlioli né per la vecchiezza de mio marito ciò far si potrebbe, ho pensato che, un de questi giorni che lui andarà in prattica in contado, me fingerò esser da la solita passione oppressa; e mandando subito per vui che me prestate alcuna reliquia de san Griffone, a conferirvi con esse a me secretamente apparicchiato e con l'opera de una mia fidatissima fante, al nostro bel piacere saremo insiemi. –

Il frate allegro disse:

– Figliola mia, beneditta sia da Dio, de quanto bene hai pensato, e parmi che tal ordene esequire si deggia, e io menarò il nostro compagno meco, qual per compassione non farà stare indarno[220] la tua fidata fante. –

E in tal conclusione remasti, con caldi e amorosi suspiri si diparterno. La donna, tornata in casa, a la sua fante fe' palese l'ordene priso col frate per la comune loro satisfacione e piacere. La fante, che molto lieta fu de tale novella, rispose ad ogni suo comandamento essere de continuo apparicchiata[221]. E come la loro benigna fortuna permise, il maestro Rogero andò in prattica, secondo lo antiveduto[222] pensiero de la moglie, la sequente matina fora de la cità; e per non dare a l'opera alcuno indugio, fingendose subito esser da la solita passione assalita,

---

[220] Inutilmente, infruttuosamente.

[221] Pronta.

[222] Previsto.

cominciò ad invocare san Griffone in suo soccorso. Al che la fante consigliando disse:

– Perché non mandate voi per le sue sante reliquie, che da ogni uomo son sì miraculose riputate? –

La donna, come già tra loro preposto aveano, facendo vista con fatica posser parlare, a la fante voltatasi, disse:

– Anzi ch'io ten priego vi mandi. –

A cui, pietosa mostrandosi, disse:

– Io medesma andarò per esse. –

E rattissima de quinci partitasi, trovato il frate e a lui fatta la ordenata commissione, con un suo compagno, secundo avea promisso, giovene multo e al mestiero attissimo, subito se misse in camino. E giunti in camera, accostatosi divotamente fra Nicolò al letto ove la donna sola giacea, e da lei che caramente lo aspettava con umilità grandissima recevuto, disse:

– Padre mio, pregate Dio e 'l glorioso san Griffone per me. –

Al che il frate rispose:

– Esso Creatore ce ne faccia degni! Ma a voi bisogna aver buona divozione dal canto vostro; che se la grazia sua volete recevere mediante la vertù de le reliquie ho meco portate, convien che prima contritamente recorramo a la santa confessione, a ciò che, sanata l'anima, facilmente il corpo si possa guarire. –

La donna, respondendo, disse:

– Io non pensava né disiderava altro, e de ciò summamente ve supplico. –

E ciò detto, dato onesto conviato a quanti in camera dimoravano, non remanendovi altro che la fante e 'l compagno del frate, serratisi dentro ottimamente, a ciò che da nulla fussero impediti, ciascuno scrapistratamente con la sua se appiccoe. Fra Nicolò sul letto montato, per meglio e senza alcuno impazzo menare le gambe, parendogli fuorsi stare in sul securo, trattese le mutande e al capo del letto bottatele, e con la bella giovene abbracciatose, la dolce e disiata caccia incominciorno; e avendo il suo amaistrato levrere tenuto uno longo spacio a laccio, da una medesma tana cavò arditamente dui lèpori; e raccolto a sé il cane per cercare il terzo, senterno in su l'uscio de la strada maestro Rogero a cavallo, quale era già da prattica tornato. Il frate con la maiore pressa[223] del mundo del letto bottatosi, da paura e dolore vinto, de pigliar le brache, che avia poste al capo del letto, totalmente si dimenticoe. La fante, anche con poco piacere dal cominciato lavoro remossa, aperta la camera, e chiamate le genti che in sala attendeano, dicendo che la sua madonna era per la Dio grazia quasi del tutto guarita, laudando tutti e rengraziando Idio e san Griffone, gli fece dentro a lor piacere intrare.

E arrivando fra questo mezzo il maestro Rogero in camera, trovando queste novità, non meno del vedere esser cominciati a venir frati in sua casa fu dolente che del nuovo accidente de l'amata donna; la quale, a la vista ricognosciutolo ultre modo cambiato, disse:

– Marito mio, veramente io ero morta, se 'l nostro patre predicatore con le reliquie del beatissimo Griffone non mi succorrea; quale avendomele al core approssimate, non altramente da multa acqua è un piccolo fuoco spento, che ogne mio dolore sostenuto mi fu per quelle immediate tolto. –

Il marito credendo, udito che salutifero remedio a sì incurabile infirmità si era già trovato, non poco fu contento, ringraziando Dio e san Griffone; ma al frate a l'ultimo voltatosi, gli rendé infinite mercè, de quanto bene avea adoperato; e così dopo alcuni altri divoti e santi ragionamenti priso conviato[224], il frate e 'l compagno onestamente da là se partirono. E caminando, sentito il suo buon cane or là or qua andar fuora de la scapola, recordandosi aver la catena al capo del letto dimenticata, dolente ultre modo, al compagno revoltatosi, il successo accidente gli racontoe; dal quale essendo al non dubitar confortato con ciò sia cosa che la fante saria la prima che le trovarebbe e quelle occoltarìa, quasi ridendo, tale parole suggiunse:

– Maestro mio, ben demostrate non esser avezzo de star in disagio, volendo, ad ogni luoco ove vi trovate, donare al vostro cane tutta

---

[223] Fretta.

[224] Commiato.

la scapola ad un tratto; ma fuorsi voi esequiti lo esemplo de' frati dominichini, quali de continuo portano i lor cani senza alcuna lassa, e quantunque facciano de gran prede, nondemeno gli cani allacciati sono più fieri e meglio aboccati, quando in la caccia se retrovano. –

A cui il frate rispose:

– Tu di' il vero, e voglia Idio che del mio commisso errore scandolo non ne siegua; ma tu como facisti de la preda che tra le unghie ti lasciai? So ben io che 'l mio sparaveri prise ad un volo due starne, ed avendo per la terza tentato, se venne il maestro; così egli se avesse prima fiaccato il collo! –

Rispose il compagno:

– Quantunque io fabro non sia, m'era con tutte mie forze ingegnato fare dui chiodi ad una calda[225], e già n'avia finito l'uno, e de l'altro tanto composto, che appena vi restava a far si non la testa, quando la fante, l'ora che nacque biastemando, disse: «Ecco il mio messere a l'uschio!». Per il che da l'imperfetta opera tolto, ove vui eravate me condussi. –

– Oh! Dio volesse – disse il frate – che retornare a la già lassata caccia a me fusse concesso, como tu, quando a grato te sia, potrai fornire tuoi chiodi a centinaia! –

Al che rispose il compagno:

– Io nol niego, ma più vale la piuma de tue prise starne[226], che quanti chiodi a Milano si fanno. –

Il frate de ciò ridendose, con molti altri faceti motti de lor fatta baruffa occultamente tra loro si godevano.

Maestro Rogero, subito partiti i frati, accostatosi a la moglie e quella accarezzando, toccandogli la gola e 'l petto, se 'l dolore gli avia data molta noia la domandava; e in più diversi ragionamenti intrati, mossa la mano per acconciarli il guanciale sotto 'l capo, gli venne priso un nastaro de le brache ivi dal frate lassate; e fora tiratele, e

---

[225] Operazione per cui si tiene il ferro in fornace quanto occorre per poterlo lavorare.

[226] Uccelli dei gallinacei dalle carni assai prelibate.

cognosciuto de continente quelle esser de frati, cambiato tutto nel volto disse:

– Che diavolo vuol dire questo, o Agata? che vogliono queste brache de frati significare? –

La giovane donna, che prodentissima era, e nuovamente amor gli avia più svegliato l'ingegno, non indugiando punto a la resposta, disse:

– E che è quello ch'io te ho ditto, marito mio? si non che queste miraculose mutande essendo state del glorioso messer san Griffone, come una de sue famose reliquie avendole il padre predicatore qui portate, l'onnipotente Dio per vertù de quelle me ha già fatta grazia, e cognoscome esser del tutto liberata; e per maior mia cautela e divozione, volendonele lui portare, di grazia gli chiesi che insino a vespro me le lasciasse, e dopo lui medesmo o altro avesse per quelle mandato. –

Il marito, udita la subita[227] risposta e sì bene ordenata, o il crese[228] o de creder mostrava; ma essendo natura de gelosi, da dui contrari venti era de tale accidente il suo cervello continuo combattuto, che, senza altramente replicarlo, a la già fatta risposta se quietoe. La donna, che sagacissima era, cognoscendolo alquanto supra de sé stare, con nuova arte pensò tog<li>erli totalmente dal petto ogne prisa suspicione, e, revolta a la fante, gli disse:

– Va via in convento, e, trovato il predicatore, gli dirai che mandi per la reliquia me lascioe, che la Dio mercè insino a qui non ne ho più de bisogno. –

La discreta fante, inteso a pieno quanto la donna in effetto diside-rava, ratta al convento conduttasi, fatto subito chiamare il predicatore, qual venuto a l'uscio, credendosi fuorsi gli portasse la recordanza da lui già lasciata, con allegro viso disse:

– Che novella? –

La fante mal contenta rispose:

---

227 Pronta.

228 Credette.

– Non buona, mercè de la vostra trascorragine[229]; e saria ben stato peggio, si non per la prodencia de la mia madonna. –

– Che c'è? – disse il frate.

La fante puntualmente il fatto racontandogli, e soggiunto che gli parea, senza più indugiare che con qualche cerimonia a pigliar la ditta reliquia mandar si dovesse; e resposto il frate: «Sia in buon'ora!» e a quella donata licenzia e speranza de ogne cosa mal fatta raconciare[230], andatosene de botto al guardiano, in tal forma gli disse:

– Padre mio, io ho fatto de presente un grandissimo errore, quale possendose col tempo punire, vi supplico non tardate col vostro soccorso, secundo la necessità cerca, a quello *in promptu* remediare. –

E per lo più breve modo possette ricontata la istoria, non poco il guardiano de ciò turbandosi, e de la sua imprudenza agramente reprendendolo, così gli prise a dire:

– Or ecco le tue prodezze, valente uomo. Ben te credevi tu stare al sicuro; e se non potivi far senza de cavartele, non avevi tu altro modo de occultarle, o in petto o a la manica, o in qualunque altro luoco che supra de te fusse stato? Ma voi, come avezzi a fare de questi scandalazzi, non pensate con quanto peso de coscienzia e infamia del mondo noi li abbiamo a raconciare. Veramente io non so qual causa me ritiene ch'io non te faccia, come a te si converrebbe, senza misericordia incarcerare; nientedemeno essendo al presente più de bisogno usar remedio che repressione, correndoce massimamente l'onor de l'ordene, per altra volta il serbaremo. –

E fatta sonar la campanella a capitulo, congregati insiemi tutti i frati, e narrato loro come in casa de maestro Rogero medico, per la vertù de le mutande che furono del loro san Griffone, un miraculo evidentissimo Idio ce avia in quel giorno mostrato; quale a tutti brevemente recordato, gli persuase che de continente s'andasse in casa de ditto maestro, donde ad onore e gloria de Dio, e augmentazione

---

[229] Fretta.

[230] Rimediare.

de' miraculi de lor santo, solennemente e con la processione la ditta reliquia se pigliasse.

E cossì ordenato, fattili a coppia dividere, con la croce inanzi verso la signata casa se avviarono. Il guardiano de un ricco piuviale[231] vestito, col tabernaculo de l'altare in braccio, con gran silenzio ordenati, a la ditta casa del maestro arrivarono. Qui da lui sentiti, fattosi incontro al guardiano, e domandatolo de l'accagione de tal novità, con allegro volto così, come preposto avea, gli respuose:

– Maestro nostro carissimo, le nostre ordinazione vogliono che occultamente debbiamo portare le reliquie de' nostri santi in casa de coloro che le domandano, a tal che se l'infermo per alcun suo mancamento non recevesse la grazia, per non diminuere in parte alcuna la fama de' miraculi, de nascoso ne le possiamo a casa retornare; ma ove Idio mediante ditte reliquie un evidente miraculo mostrar volesse, noi dovemo in tal caso, con ogne cerimonia e solennità che possiamo, condurnele in chiesa, manifestando il ditto miraculo, e quello ascrivere in publica forma. Onde essendo, come già sapete, la donna vostra de la sua periculosa infirmità liberata e per la vertù de le nostre reliquie, semo venuti con questa solennità a retornarnele a casa. –

Il maestro, che tutto 'l capitulo de' frati con tanta divozione vedea, estimò che a niun mal fare ne sarebbero mai tanti concursi; e donata indubia fede a le simulate ragione del guardiano, avendo ogne suspetto pensiero da sé al tutto remosso, rispose:

– Voi siate i benvenuti! – e prisi per mano lui e 'l predicatore, in camera, ove la moglie stava, li menoe.

La donna, che in tal punto non dormia, con una tovaglia bianca e odorifera in fra quel mezzo avea le ditte brache fasciate; quale il guardiano scoperte, con grandissima reverenza le bascioe[232], e fattele dal maestro e da la moglie, e finalmente da quanti in camera dimoravano, divotamente basciare, postele nel tabernaculo che per ciò portato

---

[231] Paramento sacro a forma di ampio e lungo mantello, fermato sul petto da una fibula, proprio delle funzioni solenni e delle processioni.

[232] Baciò.

avea, dato il signo a' compagni, tutti accordandosi, *Veni Creator Spiritus* a cantare incominciorno. E in tal forma discorrendo per la città, da infinita turba accompagnati, a la lor chiesa condutti, postele supra l'altare maiore, parecchi dì, per divozione de tutto il populo, che aveano già il fatto miraculo sentito, star le lasciarono.

Maestro Rogero, disideroso de l'augmento de la divozione de le genti verso quell'ordene, andando de continuo in prattica e fuori e dentro la cità, dovunque si trovava, a pieno populo ricontava il solenne miraculo, che per vertù de le brache de san Griffone Idio avea in sua casa demostrato. E fin che lui dimorava a far tale officio, fra Nicolò e 'l compagno de continuare la cominciata e fertile caccia non si scordavano, con piacere grandissimo de la fante e de la madonna. Quale, oltre ogn'altra sensualità, seco medesma iudicava veramente tale operazione esser sulo remedio a la sua acerba passione, sì come quello ch'era più approssimato al luoco, unde tale infirmità si era causata; ed essendo lei moglie de medico, se ricordava avere inteso allegare quel testo de Avicenna[233], dove dice che li remedii approssimati giovano e li continuati sanano; per questo lei, e l'uno e l'altro con piacere gostando, cognobbe del tutto essere de la non curabile passione de la madre liberata per lo remedio oportuno del santo frate.

---

[233] Abu Ali al-Husayn ibn Sina (980 - 1037), filosofo e scienziato persiano autore di un canone di medicina in cui viene codificata l'intera scienza medica degli arabi e degli antichi.

L'ASINO E IL LEONE[234]

In Arcadia, paese della Morea[235], detta da Arcade, figliuolo di Giove, ove primieramente fu trovata la rustica e boscareccia sampogna[236], abitava ne' passati tempi un monaio[237], uomo bestiale e crudele; ed era per natura sì sdegnoso, che poche legna accendevano il suo fuoco. Ei aveva un asino orecchiuto, con le labra pendule, il quale, quando raggiava[238], faceva tutto il piano risonare. Questo asino per lo poco mangiare e poco bere che il monaio gli dava, non poteva sostenere le gran fatiche né tolerare le dure bastonate che 'l patrone continovamente gli dava. Onde il povero asino sì distrutto e consumato divenne, che sola la pelle sopra le macerate ossa rimase. Avvenne che 'l povero asino, tutto adirato sì per le molte busse[239] che ogni giorno riceveva, sì anco per lo poco cibo ch'aveva, dal monaio si partì e col basto[240] sopra il dorso molto da lui s'allontanò.

Camminato ch'ebbe assai, il misero asino già lasso[241] e stanco giunse a' piè d'un dilettevol monte, che viepiù del domestico che del salvatico teneva. E veggendolo sì verdeggiante e bello, fra sé stesso deliberò quello ascendere, ed ivi abitare e la vita sua finire. Dimorando adunque l'asino in questo pensiero, guatava intorno se da alcuno fusse veduto; né vedendo alcuno che noiar[242] lo potesse, animosamente salì il monte; e con molto diletto e piacere si pose a pascolare, ringraziando tuttavia Iddio che liberato l'aveva dalle mani

---

234 Giovan Francesco Straparola, *Le piacevoli notti*, notte X, favola II.

235 Peloponneso.

236 Zampogna.

237 Mugnaio.

238 Ragliava.

239 Percosse.

240 Grossa e rozza sella di legno che veniva messa sul dorso delle bestie da soma per il trasporto di ceste, bigonci o altri carichi pesanti.

241 Sfinito, affaticato.

242 Dargli noia.

dell'iniquo e crudel tiranno, e che sì ottimo cibo per sostentamento della sua misera vita trovato aveva.

Abitando il buon asino sopra il monte e pascendosi di morbide e minute erbe, tenendo tuttavia il basto sopra 'l dorso, ecco un fiero leone uscire d'una cieca caverna; e veduto l'asino e quello attentamente mirato, molto si maravigliò ch'egli avesse avuto tanta arroganza e tanto ardire di ascendere il monte senza sua licenza e saputa. E perciò che il leone per l'adietro non aveva mai veduti di tal spezie animali, temette forte di più innanzi andare. L'asino, veduto il leone, si sentì arricciare tutti i peli; e per la sùbita paura cessò di mangiare, né ardiva pur di moversi. Il leone, preso pur ardire, fecesi inanti e disse all'asino:

– Che fai tu qua, o buon compagno? Chi ti ha data licenza di salir qua su? E chi sei tu? –

A cui l'asino insuperbito con ardito animo rispose:

– E chi se' tu che m'addimandi chi sono io? –

Il leone, maravigliandosi di tal risposta, disse:

– Io son il re di tutti gli animali. –

Disse l'asino:

– E come ti chiami per nome? –

Rispose egli:

– Leone è il nome mio: ma il tuo come si appella? –

Allora l'asino, fatto più animoso, disse:

– Ed io mi chiamo Brancaleone. –

Questo udendo, il leone disse:

– Costui veramente debbe esser più possente di me. –

Disse il leone:

– Brancaleone, il nome e 'l parlar tuo chiaramente mi dimostra che tu sei più possente e più gagliardo di me; ma voglio che noi facciamo alcuna isperienza. –

Allora crebbe maggior ardire all'asino; e volte le natiche contra del leone, disse:

– Vedi tu questo basto e la ballestra ch'io tengo sotto la coda? s'io te la facessi provare, tu morresti di spasmo. –

E così dicendo trasse una coppia di calzi nell'aria e mollò alquante rocchette[243], che fecero il leone stordire. Sentendo il leone il gran rimbombo di calzi e 'l crepitante tuono che fuor della ballestra usciva, grandemente si spaventò. E perché omai s'approssimava la sera, disse il leone:

– Fratello mio, io non voglio che facciamo parole tra noi, né che s'uccidiamo; perciò che non è la peggiore cosa che 'l morire: ma voglio che andiamo a riposarci, e venuto il sequente giorno, noi saremo insieme, e tra noi faremo tre famose prodezze; e qual di noi in farle sarà superiore, quello sia del monte signore. –

E così rimasero d'accordo.

Venuta la mattina, e trovatisi insieme, il leone, che desiderava di veder alcuna prodezza, disse:

– Brancaleone, io sono acceso del tuo amore, né rimarrò contento sin a tanto ch'io non vegga alcuna mirabil prova di te. –

E camminando insieme, aggiunsero ad un fosso molto largo e profondo. Disse il leone:

– Ora è il tempo che noi vediamo qual di noi salterà meglio questo fosso. –

Il leone, ch'era gagliardo, non sì tosto s'appresentò al fosso, che fu dall'altra parte. L'asino, appresentandosi alla sponda del fosso, animosamente saltò; ma nel saltare cadde in mezzo del fosso, e sopra alcune legna traversate attaccato rimase. Stava l'asino sospeso tra quelle legna, e parte su l'uno de' lati, e parte su l'altro pendeva; ed era in grandissimo pericolo di fiaccarsi il collo. Il che vedendo, il leone disse:

– Che fai, compagno mio? –

Ma l'asino, che se n'andava a più potere, non rispondeva. Il leone, temendo che l'asino non morisse, discese giù nel fosso, e prestògli aiuto. L'asino, uscito fuori d'ogni periglio, prese maggior ardire; e voltatosi contra il leone, gli disse tanta villania, quanta si potesse mai dire a persona alcuna. Il leone, attonito di tal cosa, molto si maravigliò, e

---

243 Rudimentali razzi da guerra usati in antichità, ma qui sta per peti.

addimandollo per qual ragione sì fieramente il villanniggiava, avendolo sì amorevolmente campato[244] da morte. L'asino, dimostrando che
fusse acceso di sdegno, superbamente rispose:

– Ahi, scelerato e tristo, tu m'addimandi perché ti villaneggio?
Sappi che tu m'hai privo del più soave piacere che mai io avesse a'
giorni miei. Tu pensavi che io ne morisse, e io me ne stava in gioia e
diletto. –

A cui il leone:

– E che piacere era il tuo? –

– Io, – rispose l'asino, – mi era posto sopra quelle legna, e parte
pendeva da un lato e parte da l'altro; e voleva in ogni modo sapere
qual mi pesava più, il capo o la coda. –

Disse il leone:

– Ti prometto sopra la fede mia di non molestarti più in conto
alcuno, e fin'ora veggo e chiaramente conosco che del monte sarai
patrone. –

Indi partiti, aggiunsero ad un fiume largo e impetuoso; e disse il
leone:

– Voglio, Brancaleone mio, che l'uno e l'altro di noi dimostra il
valor suo nel varcar il fiume. –

– Io ne son contento, – disse Brancaleone; – ma voglio che tu sii
il primo a valicare. –

Il leone, che sapeva ben nuotare, con molta destrezza varcò il
fiume; e postosi sopra sponda del fiume, disse:

– Compagno, che fai? varca ancor tu. –

L'asino, veggendo di non poter mancare della promessa, si gettò
nell'acqua, e tanto nuotò, che venne a mezzo del fiume; e costretto dal
ravogliamento dell'acqua, ora andava col capo in giù e ora coi piedi,
e ora sì fattamente si sommergeva, che di lui nulla o poco si vedeva.
Il che veggendo il leone e le ingiuriose parole nell'animo rivogliendo,
da un canto molto temeva soccorrerlo, da l'altro temeva che, liberato,
non l'uccidesse. Laonde stando tra il sì e 'l no, determinò, intravenga

---

244 Salvato.

ciò che si voglia, d'aiutarlo. Ed attuffatosi nell'acqua, se gli accostò appresso; e presolo per la coda, tanto tirò, che lo condusse fuor d'acqua. L'asino, vedendosi sopra la riva del fiume e già sicuro delle minacciose onde, tutto si turbò, e d'ira acceso, ad alta voce disse:

– Ahi, tristo! ahi, ribaldone! non so che mi tenga che io non scocchi la ballestra mia, e ti facci sentire quello che non vorresti. Tu sei la mia seccagine e la privazione d'ogni mio piacere. E quando, misero me, arrò il maggior solazzo? –

Il leone, più timoroso che prima divenuto, disse:

– Io, compagno mio, fortemente temeva che tu non t'affocassi nel fiume, e però[245] venni e ti aiutai, pensando di farti cosa grata e non spiacere. –

– Or non dir più, – disse l'asino; – ma una sol cosa desidero da te sapere: qual frutto, qual utile hai tu conseguito del tuo varcare il fiume? –

– Nulla. – Rispose il leone.

Ma l'asino, voltatosi, disse:

– Guata bene se nel fiume sentiva piacere. –

E crollatasi la persona e l'orecchie, che erano piene di acqua, li mostrò i pesciculi e gli altri animaletti che uscivano delle sue orecchie; e dolendosi disse:

– Vedi tu quanto error facesti? Se io me n'andava al fondo del fiume, prendeva, con grandissimo mio piacere, pesci che ti arebbeno fatto stupire. Ma fa che per l'innanzi più non mi annoi; perciò che di amici veniressimo nemici, e sarebbe il peggio per te. Ed avenga che morto mi vedesti, non però voglio che tu te ne curi punto; perciò che quello che ti parrà in me morte, sarà in me piacere e vita. –

Oramai il sole per la sua partita dopplicava le ombre, quando il leone al compagno fece motto che l'uno e l'altro andasse a riposare, ritrovandosi però insieme la mattina sequente.

Venuto il chiaro giorno, l'asino e il leone si ritrovarono insieme, ed ivi determinarono d'andare alla caccia, ma uno in uno luoco e l'altro

---

[245] Perciò.

nell'altro, e poscia ad una medesima ora ritrovarsi insieme: e qual di loro avrà preso maggior numero di animali, il monte sia suo. Il leone, andato in preda, prese molte fiere salvatiche; ma l'asino, trovato l'uscio d'una casa aperto, entrò dentro, e veduto nell'aia un grandissimo cumolo di melega[246], a quello s'avicinò, e tanta ne prese, che quasi il pancirone era per scoppiare. Ritornato l'asino a l'ordinato luoco, si mise a posare; e per la gran pienezza spesso scoccava la ballestra, la quale ora s'apriva, ora si serrava, a guisa della bocca di un gran pesce ch'è fuori del fiume in secca terra. Vedendo una gracchia, che per l'aria volava, l'asino in terra prostrato giacere, né punto muoversi, che morto pareva, e vedendo sotto la coda la mal digesta melega e le natiche tutte imbrattate di sterco, scese giù e cominciò beccare; e tanto innanzi se n'andò, che pose il capo dentro delle natiche. L'asino, sentendosi beccare nel forame, chiuse le natiche; e la gracchia col capo dentro presa rimase, e se ne morì. Tornato il leone con la gran preda al diputato luogo, vide l'asino giacere in terra; e dissegli:

– Vedi, compagno mio, gli animali ch'io presi? –

Disse l'asino:

– In che modo facesti a prenderli? –

Il leone raccontò il modo che tenuto aveva. Ma l'asino interrompendolo disse:

– O pazzo e privo di senno! tu ti affaticasti tanto stamane circondando i boschi e le selve e i monti, e io me ne sono stato qui d'intorno; e prostrato a terra, con le natiche presi tante gracchie e tanti altri animali, che mi sono, come tu vedi, lautamente pasciuto. E questa sola mi è rimasta nelle natiche, la quale a tuo nome riservai, e pregoti che per amor mio la prendi. –

Allora il leone maggiormente si paventò; e presa la gracchia per amor dell'asino, quella tenne, e senza dir altro, ritornò alla preda.

E camminando di galoppo, non però senza timore, s'incontrò nel lupo che molto in fretta se n'andava. A cui disse il leone:

– Compare lupo, dove andate, così soletto, in fretta? –

₂₄₆ Erba.

Rispose il lupo:

– Io me ne vo per un servigio molto importante. –

E pur il leone cercava intrattenerlo; ma il lupo, temendo della vita, fortemente instava che no 'l tenesse a bada. Il leone, vedendo il gran pericolo nel quale incorreva il lupo, sollecitava che più innanzi andar non dovesse, perché poco discosto di qua vi è Brancaleone, animal ferocissimo, il quale porta una ballestra sotto la coda che mena gran vampo, e mal è per colui sotto s'abbatte. Ed oltre ciò ha certa cosa di pelle sopra il dorso, che in maggior parte lo copre, ed è di pelo biso; e fa gran fatti, e paventa ciascuno che se gli avicina. Ma il lupo, che per gl'indizi dati apertamente s'accorgea qual fusse l'animale di cui il leone parlava, disse:

– Compare, non abbiate timore; perciò che egli s'addimanda l'asino, ed è il più vil animale che la natura creasse, e non è da altro se non da soma e da bastone. Io solo a' giorni miei ne divorai più d'un centenaio. Andiamo dunque, compare, sicuramente, e vederete la prova. –

– Compare, – disse il leone, – io non voglio venire; e se voi vi volete andare, andatene in pace. –

E pur replicava il lupo che il leone non avesse timore. Vedendo il leone il lupo star fermo nel suo pensiero, disse:

– Poscia che voi volete che io venga con voi e mi assicurate, voglio che s'avinchiamo le code strette l'una con l'altra, acciò che, come sarà da noi veduto, non scampiamo, né alcun di noi rimanga in podestà di lui. –

Annodatesi strettamente le code, andarono a ritrovarlo.

L'asino, che in piedi era levato e di erba si pasceva, vide dalla lunga il leone e il lupo, e molto smarrito volse fuggire; ma il leone, dimostrando Brancaleone al lupo, disse:

– Eccolo, compare: egli viene verso noi; non l'aspettiamo, ché veramente moriremo. –

Il lupo, che aveva allora l'asino veduto e conosciuto, disse:

– Affermiamosi, compare; non dubitate, ché egli è l'asino. –

Ma il leone, più timoroso che prima, si mise a fuggire; e così correndo per duri dumi[247], or saltava una macchia, or l'altra; e nel saltare, una pungente spina li cavò l'occhio sinistro. Il leone, credendo la spina stata fusse una di quelle artigliarie che Brancaleone sotto la coda portava, disse, correndo tuttavia, al lupo:

– Non te lo dissi io, compare: scampiamo? Non mi ha egli cavato un occhio con la sua ballestra? –

E sempre più forte correndo, strascinava il lupo e menavalo per ispidi dumi, per ruinati fossi, per folti boschi e per altri luochi stretti ed aspri. Per il che il lupo tutto franto e rotto se ne morì. Il leone, quando li parve di essere in luogo sicuro, disse al lupo:

– Compare, ormai è tempo che si disciogliamo le code; – ed egli nulla rispondeva. E voltatosi verso lui, vidde che era morto. Onde attonito disse:

– Compare, non ve lo dissi io, che 'l vi ucciderebbe? Vedete quello avete guadagnato? Voi avete perduta la vita, ed io l'occhio sinistro; ma meglio è aver perduta una parte che 'l tutto. –

E sciolta la coda, lasciò il lupo morto, e andossene ad abitar le grotte; e l'asino rimase signore e possessore del monte: dove lungo tempo allegramente visse. Di qua procede che gli asini abitano i luoghi domestici, ed i leoni i luoghi inabitabili e silvestri; perciò che il vil animale con sue astuzie e fraudi avanzò il feroce leone.

---

247 Cespi spinosi.

BIBLIOGRAFIA

BIBLIOGRAFIA
TESTI DI RIFERIMENTO

I testi riportati in questa raccolta antologica sono tratti dalle edizioni di riferimento sotto citate.

Nel tentativo di migliorare il senso della lettura, senza tuttavia perdere la freschezza e la vivacità del linguaggio utilizzato dagli autori, rispetto alle edizioni indicate i testi pubblicati possono talvolta presentare alcuni lievi scostamenti, che tengono conto anche di altre versioni pubblicate, nell'ortografia delle parole più arcaiche e nella punteggiatura.

AA.VV., *Raccolta di novellieri italiani*, vol. 1 e 2, Firenze, Borghi, 1833.

AA.VV., *Novelle italiane*, vol. 1 e 2, Milano, Primato Editoriale, 1921.

ANONIMO, *Il novellino. Le ciento novelle antike*, a cura di Letterio di Francia, Torino, Utet, 1930.

MATTEO BANDELLO, *Tutte le opere*, a cura di Francesco Flora, Milano, Mondadori, 1943.

BERNARDINO DA SIENA, *Novellette, esempi morali e apologhi*, a cura di Francesco Zambrini, Bologna, Romagnoli, 1868.

GIOVANNI BOCCACCIO, *Il Decameron*, a cura di Aldo Francesco Massèra, Bari, Laterza, 1927.

Giovanni Sabadino Degli Arienti, *Le porretane*, a cura di Giovanni Gambarin, Bari, Laterza, 1914.

Agnolo Firenzuola, *Ragionamenti d'amore*, Roma, Perino, 1891.

Anton Francesco Grazzini, *Le Cene*, a cura di Carlo Verzone, Firenze, Sansoni, 1890.

Niccolò Machiavelli, *Opere*, a cura di Giuseppe Zirardini, Parigi, Baudry, 1851.

Franco Sacchetti, *Cento novelle*, a cura di Raffaello Fornaciari, Firenze, Sansoni, 1907.

Masuccio Salernitano, *Il novellino*, a cura di Luigi Settembrini, Napoli, Morano, 1874.

Giovan Francesco Straparola, *Le piacevoli notti*, a cura di Giuseppe Rua, Bari, Laterza, 1927.

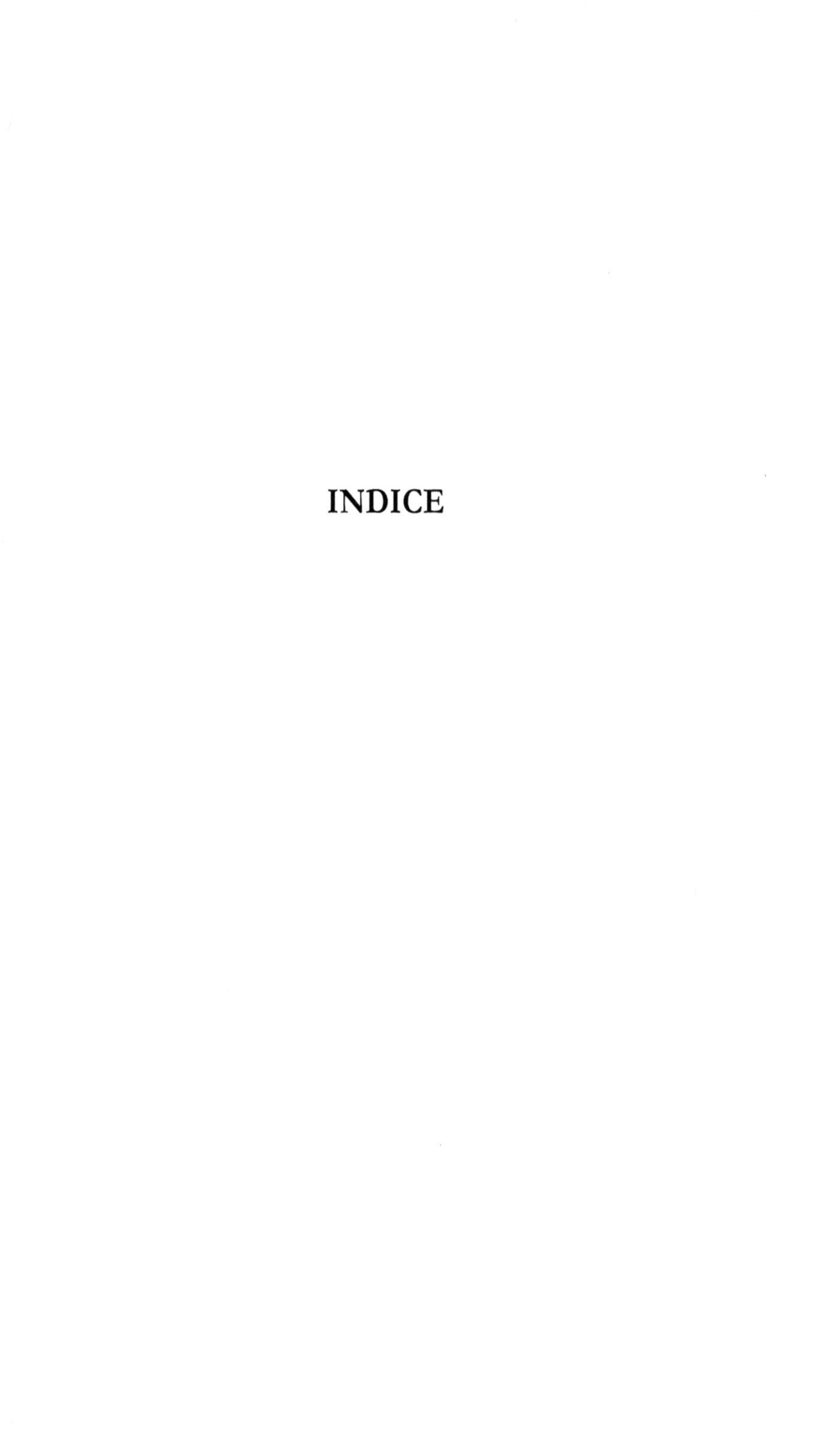

INDICE

INDICE

Novelle del Quattrocento

Novelle del Cinquecento

Per la prima volta sono raccolte in un unico volume le migliori novelle e facezie della tradizione rinascimentale italiana che sono ambientate a Ferrara o che hanno per protagonisti dei ferraresi.

Una raccolta antologica per costruire, seppure attraverso uno sguardo faceto, un ritratto dello spirito e della vita ferrarese al tempo dei fasti della corte estense.

Gli autori sono tra i più celebri della tradizione novellistica. Ecco alcuni nomi a titolo di esempio: Giovanni Sercambi, Franco Sacchetti, Giovanbattista Giraldi Cintio, Ortensio Lando, Poggio Fiorentino, Masuccio Salernitano, Lodovico Carbone, Giovan Francesco Straparola, Pietro Fortini, Matteo Bandello.

Un paese unito nella volontà di erigere un monumento ma che poi si divide al momento di decidere a chi dedicarlo. Un altro che pur patendo la sete non riesce a trovare un accordo su dove posizionare la fonte pubblica. Sedicenti esperti cacciatori, moribondi che non si decidono ad andarsene, medici dai metodi sbrigativi, debitori incalliti, signorotti dall'ospitalità esagerata, ciarlatani tuttofare, professori d'orchestra che non sanno suonare e altro ancora.

C'è un po' di tutto nell'Italia rurale che ci descrive l'autore, un'Italia e un mondo che non ci sono più ma che ci sono molto vicini e in fondo ci appartengono, perché luogo della memoria e specchio senza veli del nostro essere di oggi.

Una raccolta antologica dei più bei racconti di Renato Fucini per scoprire col sorriso sulle labbra com'eravamo ma anche come siamo.

Telegrafico, ironico, a volte allusivo, altre marcatamente esplicito, l'epigramma è, all'interno del genere poetico, una felice espressione della poesia che quando vuole, abbandonate smancerie e vaghi sospiri amorosi, sa allietare e suscitare sorrisi.

In un mondo poetico estremamente vario ricco di personaggi e situazioni comiche, l'epigramma si configura come un'ironica poesia della quotidianità, delle bagattelle, lo specchio fedele della banalità e della comicità del vivere, una riflessione poetica acuta e sintetica capace di far pensare molto più di quanto non dica.

Raccolte per argomento, le rime presentate in questo volume sono anche un piccolo repertorio di citazioni salaci da utilizzarsi *cum grano salis* secondo le occasioni.

Come in cucina il *pot-pourri* è una gustosa mescolanza di odori e sapori diversi tra loro ma che comunque stanno bene insieme, così questo libro è un amalgama letterario di autori e stili narrativi differenti uniti tra loro da un unico denominatore comune: la capacità di far ridere.

Per questo basta poi un piccolo gioco di parole, una diversa interpretazione semantica del titolo, una dizione appena appena diversa, per trasformare il tutto in un *pot pour rire*, ossia in un contenitore per ridere, o per dirla in altra maniera in un vero e proprio dispenser di pillole di buonumore.

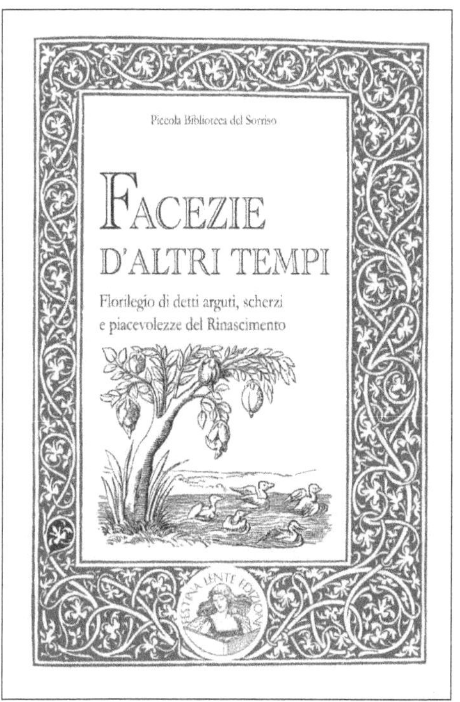

La facezia è un vero e proprio genere letterario costituito da aneddoti, motti arguti, detti e massime, un genere che nel Rinascimento ebbe un particolare sviluppo perché rispondeva a un bisogno ludico di socialità proprio di quella civiltà. I libri di facezie in quel contesto si configurarono infatti come una specie di zibaldone di idee e di fatti provenienti da tanta letteratura e tanta vita sociale e furono spesso utilizzati come una sorta di repertorio a cui attingere per animare la conversazione. Il libro raccoglie in un'unica agile opera una selezione ragionata del meglio della produzione di quel tempo.

Finito di stampare nel mese di febbraio 2024
da Rotomail Italia S.p.A.
Printed in Italy